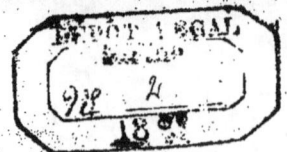

NOTICES GÉNÉALOGIQUES

SUR LA

FAMILLE STELLAYE DE BAIGNEUX

DE COURCIVAL

ET SES ALLIANCES

PREMIÈRE PARTIE

GÉNÉALOGIE

MAMERS

TYPOGRAPHIE DE G. FLEURY ET A. DANGIN

1883

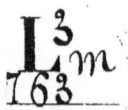

NOTICES GÉNÉALOGIQUES

SUR LA

FAMILLE STELLAYE DE BAIGNEUX

DE COURCIVAL

NOTICES GÉNÉALOGIQUES

SUR LA

FAMILLE STELLAYE DE BAIGNEUX

DE COURCIVAL

ET SES ALLIANCES

PREMIÈRE PARTIE

GÉNÉALOGIE

MAMERS

TYPOGRAPHIE DE G. FLEURY ET A. DANGIN

1883

NOTE

La présente notice a été rédigée d'après les archives conservées au château de Courcival ; beaucoup de pièces ont malheureusement été fort endommagées par l'humidité à laquelle elles ont été exposées pendant les événements de 1870-71. Il eut été trop long de les reproduire toutes, in-extenso, dans les preuves qui seront placées à la suite de la Généalogie : il en sera donné une analyse sommaire.

Les renvois indiquent : 1° Le numéro d'ordre assigné à la pièce citée dans le classement chronologique : 2° La série à laquelle elle appartient dans le classement méthodique : ces différentes séries sont rappelées par des lettres majuscules placées en avant ou à la suite du numéro d'ordre.

Ce classement méthodique comprend les séries suivantes :

1° A. Généalogies et pièces généalogiques.

2° B. Certificats et actes de baptême et sépulture.

3° C. Contrats de mariage.

4° D. Services militaires, brevets, lettres de services, certificats.

5° E. Testaments, codiciles, donations, lotissements.

6° F. Partages, transactions, règlements, inventaires, etc,

7° G. Constestations judiciaires, consultations, tutelles, etc,

8° H. Titres de propriété, achats, ventes, échanges, baux, etc.

9° J. Constitutions de rentes, remboursements, quittances.

10° K. Aveux, remembrances et autres pièces féodales.

11° L. Correspondances et affaires diverses.

Les différents ouvrages sur la Sarthe et les départements voisins, les archives départementales et communales et les chartriers des familles du pays ont été consultés et tous les documents que l'on a pu y recueillir ont été mis en œuvre pour donner à ce travail les garanties de la plus sérieuse exactitude.

Courcival, le 15 septembre 1882.

STELLAYE DE BAIGNEUX DE COURCIVAL

SEIGNEUR DE L'ÉPÉE

DE LA JARDIÈRE, D'AMBELLES, EN NORMANDIE;

DE BAIGNEUX, D'ARGENSON,

DE COURCIVAL, DE GLATIGNY, DE SAINT-MARS, ETC....

AU MAINE.

De sable, chargé de trois étoiles d'or, posées 2 et 1.

Couronne de Marquis.

    Cette famille est établie au Maine depuis le commencement du XIVᵉ siècle ; mais elle n'en est pas originaire.

    Monsieur Delacour, généalogiste de la maison d'Orléans, dit qu'elle est venue de Normandie où elle aurait été, vers 1359, en possession du fief noble de l'Épée, aliéné vers

1408, et des seigneuries de la Jardière et d'Ambelles ; sa présence en Normandie est encore attestée par deux pièces qui sont conservées aux archives du château de Courcival (1) et qui sont : 1° Un compte des dépenses faites pour le Roi par SIMON DE BAIGNEUX, vicomte de Rouen en 1370 ; — 2° Une quittance donnée le 13 juin 1386 par le sieur Jean Petitpoutoire à SIMON DE BAIGNEUX, vicomte de Rouen.

Dans une note datée du 4 novembre 1800, Monsieur de Chabot dit que les STELLAYE, étaient seigneurs de Stella au royaume de Naples, près de Capoue et qu'ils auraient occupé les premières charges de cet état au commencement du XI° siècle. Ils se seraient attachés à la fortune de Charles, comte du Maine, d'Anjou et de Provence, roi de Naples et de Sicile en 1266, mort en 1285 ; et ils n'auraient quitté l'Italie, pour venir s'établir en France, qu'à la mort de son fils Charles le Boiteux, décédé en 1309.

D'un autre côté, dans les copies de deux chartes de 1100 à 1107, conservées aux archives de la Sarthe sous les numéros (H 40 *bis*, n°s 2 et 3), l'on trouve comme témoins du don fait de l'église d'Avézé (*Sancti Petri de Avesiaco*), un certain HERBRANNUS DE TELLIACO ; est-ce un seigneur de Teillé, ou faut-il y voir la forme latine du nom de Tellaye que portèrent les premiers membres de la famille qui nous occupe ?

Aucune pièce authentique ne venant appuyer l'une ou l'autre de ces conjectures, nous prendrons l'histoire généalogique de cette maison au jour où son existence dans le Maine est constatée d'une façon précise par une charte du 15 mai 1397 qui est un acte de vendition par ISABEL TELLAYE, de la paroisse de Marolette à COLIN TELLAYE, son neveu, de tout ce que la dite dame possède en la paroisse de Saint-Mars-sous-Ballon (2).

Le nom patronymique qui, depuis la Révolution, a pris

(1) P. 2 J et 3 J.
(2) *Archives de Courcival,* p. 3/H.

dans les actes la forme de STELLAYE, se trouve écrit dans les anciennes chartes TEILLAI, TEILLAYE, TELLAYS, ou TELLAY.

Le fief de Baigneux, à Saint-Mars-sous-Ballon, paraît avoir été le premier possédé par cette famille dans le pays : la seigneurie de Courcival, ne lui est échue que vers 1430, par le mariage de JEAN TEILLAYE, seigneur de Baigneux, avec JEHANNE SORELLE, SOREL ou LE SORAIL dont le père JEAN SOREAU était le fils naturel de Guillaume de Saint-Mars, comme le prouve un acte du 11 mai 1411 qui est une transaction au sujet de la terre de COURCIVARD entre le dit Jean Soreau et son beau-frère noble homme THIBAULT HÉRISSON mari de dame Isabeau de Saint-Mars (1).

Cette terre appartint d'abord à la famille de LORÉ. Une charte latine insérée dans le cartulaire des moines de l'abbaye de la Couture, au Mans, conservé à la Bibliothèque nationale sous le n° 195 du fonds latin, laquelle charte est un acte de donation de l'église de la Chapelle-Saint-Rémy, fait par GEOFFROY DE LORÉ (de Loreio) au monastère de Sainte-Marie de Tuffé, et tout en ne portant pas de date précise, doit avoir été rédigée entre 1072 et 1102 ; il porte que : « Le susdit Geoffroy de Loré reçut en récompense du » don de la dite église de la Chapelle-Saint-Rémy, avant le » don, 50 sols, et après 105 autres sols avec lesquels il » retira sa terre de CURCIVARD (de Curcivardo) qu'il avait » mise en gage ; cet acte fait à La Ferté, en la maison du dit » Geoffroy de Loré. »

En 1399, le vendredi après *Invocavit me*, EMERY DE CORCIVART, de la paroisse de la Bazoge, vend aux chapelains et clercs de l'Église du Mans, 20 sous tournois de rente perpétuelle à prendre sur tous les biens du vendeur, pour 10 livres tournois dont il donna quittance (2).

(1) *Archives de Courcival*, p. 4. F.
(2) Archives ecclésiastiques de la Sarthe, G. 58.

Le nom de cette seigneurie est encore cité dans les documents suivants conservés aux Archives de la Sarthe :

1° Dans une charte sans date (entre 1190 et 1214) qui est une donation faite par GEOFFROY THOMAS et Agnès, sa mère, aux moines de TYRONEL de toute la terre qu'ils ont au-dessous de SABULAM (Sables) en présence de WILLEMMO DE JAZE, presbiter DE CORCIVART et d'autres témoins (1).

2° Une charte du mois de février 1243 par laquelle RAOUL DE SEVILLIANO vend aux moines de Tyronel, un pré situé dans la paroisse de Sables : la dite charte consentie APUD CORCIVART en présence de nombreux témoins (2).

3° Une charte latine du doyen (SAGONENSIS) de Sonnois, par laquelle Geoffroy, DICTUS FONTARIUS, de la paroisse de PIRETO (Peray) vend à l'abbaye de TYRONELLO une pièce de terre et une pâture en la paroisse de CURCIVARD (3).

D'après la *Géographie ancienne du diocèse du Mans* de Cauvin, le nom primitif de la paroisse de Courcival était CURIA CENTALDI, comme il se voit dans une charte de 1090 où l'on cite HUGO DE CURIA CENTALDI comme l'un des témoins de la donation de l'église de Saint-Ouen-de-Ballon, faite à l'abbaye de Saint-Vincent, plus tard, dans les *Insinuations ecclésiastiques* de 1570, cette paroisse est désignée sous le nom de CURIA CIVARDI.

Les membres de la famille STELLAYE DE BAIGNEUX ont occupé dans les armées royales, les emplois les plus honorables, comme le constatent les nombreux certificats et brevets conservés dans les archives de Courcival : ils ont fait alliance avec les familles les plus considérables du pays et des provinces voisines et, depuis le XIVᵉ siècle ils n'ont cessé d'habiter le Maine où ils ont établi leurs principales résidences aux châteaux de Baigneux, en Saint-Mars-sous-

(1) Archives départementales de la Sarthe. H. 1/76, n° 7.
(2) *Id.*, H. 1/76, n° 14.
(3) *Ibid.*, H. 1/76, n° 21.

Ballon, de Courcival, de la Freslonnière, en Souligné-sous-Ballon, de la Rochère, en Mulsanne, etc.

Les documents faisant défaut pour le XIVe siècle, la filiation ne peut être établie d'une façon authentique qu'à partir de COLIN TEILLAYE : mais, les renseignements fournis tant par les archives publiques du département que par les chartriers particuliers des familles du pays, permettent de restituer de la façon suivante les premiers dégrés :

NICOLAS TEILLAYE, sieur de Baigneux, qualifié Messire, vivant vers 1300 ; il avait épousé JEANNE DE SAINT-CHRISTOPHE, fille de Jean de Saint-Christophe, écuyer d'écurie du comte du Maine et gouverneur du Perche-Gouet.

Il paraît avoir eu deux fils.

1º COLIN TEILLAYE, auteur de la branche des seigneurs de Courcival que nous reporterons ci-après.

2º ANDRÉ TEILLAYE, marié vers 1340 à JEANNE CHABOTTE, fille de JEAN CHABOT, seigneur des Epinais, en Souligné-sous-Ballon, de la paroisse et du fief de Sceaux près de La Ferté-Bernard : on leur attribue trois enfants.

A. ROBET TEILLAYE.

B. BARBE TEILLAYE.

C. GUILLAUME TEILLAYE qui épousa CATHERINE D'ORTONNE, sœur de Nicolas d'Orton, en Saint-Mars-sous-Ballon, dont il eût un fils.

a. PIERRE TEILLAYE, capitaine de Touvois et de la Guierche, marié à JEANNE COBETTE ou TOBETTE qui lui donna cinq enfants.

α. JEAN TEILLAYE qui mourut sans avoir eu d'enfants de MARIE DE MONTBIZOT, DAME DU BUISSON.

β. GERMAINE TEILLAYE.

γ. δ, ε. Trois filles dont on ignore les noms et la destinée.

COLIN TEILLAYE épousa MARIE DE BOUVERS (ou de Bouers), fille de Guillaume de Bouvers et de Guillemine Danaise (*alias* d'Avoise). Ils paraissent avoir eu quatre enfants.

A. JEAN qui semble devoir continuer la filiation.

B. YSABEL TEILLAYE citée dans l'acte du 15 mai 1397 qui est une vente faite par la dite demoiselle à COLIN TELLAYE, son neveu, de tout ce qu'elle possède en Saint-Mars-sous-Ballon (1).

C. MARIE mariée à JEAN DE L'OMMAYE ou DE LOMMAIS.

D. ROBERTE, femme de JEAN POYSON ou POISSON.

JEHAN TELLAYE, sieur de Baigneux, qualifié chevalier dans une quittance qu'il donna le 14 mars 1357 au comte de Poitiers, frère du Roi, avait épousé vers 1350 la dame DE BROIT ou DU BREUIL, près Mamers, fille de Guillaume de Gaufichet et de Jehanne de Contres.

Dans le cartulaire de l'abbaye de Saint-Vincent l'on voit qu'en 1216 un échange eût lieu entre la dite abbaye et Guillaume de Gaufichet et son fils Collin, habitant Saint-Longis.

(1) Archives de Courcival, p. 31 H.

Les *Preuves de l'histoire de Du Guesclin* par Hay du
Chastelet, font savoir que Messire JEHAN DE TELLAYE,
chevalier, assista à la montre de Messire Olivier de
Montauban, chevalier banneret, faite à Blois le 29 janvier
1370, sous le gouvernement du Connétable. Il fut taxé à
80 livres de gages. Il assista encore à la montre du même
Olivier de Montauban à Pontorson, le 1ᵉʳ mai 1371.

On leur attribue quatre enfants.

A. COLIN qui suivra.

B. GUILLAUME, seigneur de la moitié de la Cesnerie,
en Courcemont.

C. PIERRE ou PERIN, seigneur de l'autre moitié de la
Cesnerie, marié en premières noces à demoiselle N.....
DE COURVALAIN, et en secondes noces à JACQUETTE
D'ARGENSON (1).

Du premier lit il eût une fille, et du second un fils.

a. JEANNE TEILLAYE (ou DE TELLAYE), dame de
Couléon, qui fut seule héritière de Jehan de Courvalain, écuyer, sʳ de Couléon, son oncle maternel,
épousa JEAN DE KAERBOUT (ou D'ESCARBOT), vivant,
seigneur de Gémasse, la Besnière, la Motte, etc.......
il décéda en 1476 ou 1477 laissant dix enfants, six fils
et quatre filles.

b. PIERRE TEILLAYE, sieur d'Argenson et de la
Cesnerie, marié à JEANNE D'ASSÉ qui lui apporta la
terre de Saint-Marceau; elle était fille d'Hubert II
d'Assé et de AGNÈS DUGUESCLIN : ils n'eurent qu'une
fille unique.

ᵅ. JEANNE-FRANÇOISE DE TELLAYE, dame de
Saint-Marceau, d'Argenson, et de la Cesnerie qui

(1) Archives de Couléon. — Archives de Courcival, p. 5 H.

épousa par contrat du 26 juillet 1463, passé pardevant Mᵉ Isambert, notaire à Beaumont-le-
Vicomte, JEAN DE CLINCHAMPS, seigneur de la
Royère et de partie de la Buzardière, fils d'Ambroise
de Clinchamps, écuyer, seigneur de la Buzardière
et de Jeanne de Bignon, dame de Meurcé (1).

Ce Jean de Clinchamp rendit aveu à François de
Laval, baron du Saosnois et de Peray, le 13
décembre 1465, à cause de Françoise Tellaye, son
épouse, pour les fiefs de Venis et de Chaumont (2).

D. JEHAN DE LA TEILLAYE, prêtre, qui figure comme
chanoine régulier du Chapitre de la Cathédrale du Mans
pendant les années 1419 à 1426 (3). Le 20 avril 1423,
il est nommé curé de Oisseau (4).

Le 14 août 1422 le Chapitre envoie JEAN DE LA
TEILLAYE, l'un de ses membres, soutenir au parlement
de Poitiers le procès pendant entre le Chapitre et
l'évêque du Mans, au sujet de l'incarcération d'un
sʳ Jean Gayn que le Chapitre prétend être soumis à sa
juridiction (5).

Une charte conservée aux Archives nationales sous
la rubrique (P. 1355 cote 48), portant la date du 4
janvier 1445, dit que Jean de Bourbon, comte de
Clermont et de l'Isle, ne pouvant se rendre au Mans
pour y visiter le corps de saint Julien, comme il y était
tenu par la volonté de feu son père, chargea JEAN DE
LA TEILLAYE, son secrétaire, d'aller porter à l'église
du Mans une somme de 100 écus d'or comme com-
pensation.

(1) *Généalogie de la maison de Clinchamps*, publiée dans le *Chartrier Français*, année 1870-71.
(2) Archives de Courcival, p. 25, K.
(3) Archives ecclésiastiques de la Sarthe.
(4) *Id.*, G. 3/8, fᵒˢ 7, 31, 48, 65, 69, 77, 82, 103, 118.
(5) *Ibid.*, G. 20.

I.

COLIN TELLAYE (*alias* de LA TEILLAYE), sieur de Baigneux, marié vers 1377 avec GUILLEMETTE DE BAILLEUL, fille de Jean DE BAILLEUL et de Gervaisette DES VERRIÈRES. Ce Colin est désigné comme étant le père de Jean de Baigneux et de Courcival dans un acte du 13 août 1439 qui est un contrat de partage entre JEHAN DE TELLAYE, sieur de Baigneux, fils et héritier de feu COLIN DE TELLAYE, demandeur, d'une part, et PIERRE DE TELLAYE, sieur de la Cesnerie, passé pardevant maître Dumontatice, notaire (1).

II.

JEAN DE TELLAYE, écuyer, seigneur de Baigneulx, décédé avant le 16 juillet 1457, époque du mariage de sa fille Guyonne. Il avait épousé avant 1428 JEANNE SORELLE ou LE SORAIL, fille de JEAN SOREAU, seigneur de Courcival et d'AGNÈS DE MONDRAGON, comme le prouve une charte du 2 mai 1428 qui est un acte de vente par André Belin de la paroisse de Beaufay d'une rente de 30 livres à noble homme Jehan de Baigneulx, seigneur de Courcival, capitaine de Touvoie, et Jeanne Sorelle, sa femme (2).

Ils eurent six enfants.

1° PIERRE, dont l'article suit.

2° JEAN DE BAIGNEUX, sieur du Plessis, en Courcival, qui reçut de sa mère, Jeanne Sorelle, par acte passé le

(1) Archives de Courcival, p. 14 F.
(2) *Id.*, p. 9, J.

9 juin 1469, en la cour de Touvoie, pardevant M⁰ Jean Pillet, notaire, par avancement de droit successif sur sa part et portion des héritages de Courcival, avec le consentement de son frère aîné, le fief de la Renoncière, en Courcival (1).

Le 2 avril 1470 Jehanne Sorelle céda par donation entre vifs à son fils puîné Jehan de Baigneux, un bien nommé Le Plessis, situé en Courcival, en place d'une partie du domaine du dit Courcival, de la Renoncière et des fiefs y attachés (2).

Le 21 novembre 1471 eurent lieu les partages entre nobles personnes Pierre de Baigneux, écuyer, fils aîné de Jehan de Baigneux et Jean de Baigneux, son frère puîné, par acte passé en la cour de Ballon pardevant M⁰ Chenyrat, notaire (3).

Le dit Jehan de Baigneux assista au mariage de son neveu Jean, avec demoiselle Marie Roussart le 10 juin 1486.

Il avait épousé demoiselle MARGUERITE LE MAIRE dont il eut deux fils :

A. LOUIS DE BAIGNEUX, marié à une fille de Ligneris dont deux filles, Marguerite et Jeanne.

B. CHARLES DE BAIGNEUX qui épousa la dame de la Gesmerie et eût un fils :

a. FRANÇOIS DE BAIGNEUX, marié à MARIE DE SURMONT : on leur attribue quatre enfants, trois fils et une fille.

3⁰ GUYONNE DE BAIGNEUX, mariée par contrat du 16 juillet 1457, passé en la cour de Montfort, sous l'assistance

(1) Archives de Courcival, p. 26, E.
(2) *Ibid.*, p. 30, E.
(3) *Ibid.*, p. 33, F. — L'arrêt du conseil dit 1461.

de sa mère Jeanne Sorelle, alors veuve, et de son frère René de Baigneux, avec JEAN COVIN, sieur de MOULIN-GARNIER (1).

4° CATHERINE DE BAIGNEUX, mariée avant le 17 décembre 1471 avec Michel Le Roy, écuyer, comme il se voit par l'acte d'acquisition des Bomeries (2).

5° MACÉE DE BAIGNEUX, mariée en premières noces avec N..... BOUCHART, écuyer, sieur de la Cruche, dont elle eût deux enfants :

A. GUILLAUME BOUCHART qui fit le 24 février 1494, avec son oncle Jean, un contrat de partage passé pardevant Mᵉ Pierre Bichenon, tabellion des contrats à Dangeul (3).

B. NICOLE BOUCHART, mariée à MICHEL UBELLYE, sieur de COURTIMONT (*alias* CROIRTIMOT) qui figure dans l'acte de partage du 26 février 1504 passé en la cour du Mans, pardevant Mᵉ Gaultier, notaire (4).

En secondes noces Macée de Baigneux épousa JEAN CHENET (ou CHOENET), sieur de Dissé dont elle eût trois enfants.

C. JEANNE, mariée à JEHAN RAMSAY, sieur du Fresne et de la Groslière.

D. GUILLEMINE, mariée à l'aîné DE BRUEIL.

E. FRÉMINE, mariée à JEHAN DE BRUEIL le jeune.

(1) Archives de Courcival, p. 17, C.
(2) *Id.*, p. 34, H.
(3) *Ibid.*, p. 52, F.
(4) *Ibid.*, p, 61, F.

6° JEHANNE DE BAIGNEUX, mariée par contrat du 19 juillet 146... avec Mᵉ ESTIENNE DE LESPINAY, écuyer, sieur du dit lieu, comme il ressort d'un contrat passé le 15 janvier 1472 qui est un acte de donation fait par Jeanne Sorelle à sa fille (1).

III.

PIERRE DE BAIGNEUX, écuyer, seigneur de Baigneux et de Courcival, fit partage des biens de son père le 21 novembre 1471, tant en son nom que comme se faisant fort de ses sœurs, à noble personne Jean de Baigneux sieur du Plessis, son frère puîné (2).

Il avait épousé par contrat passé le 1ᵉʳ décembre 1455 en la cour de Montfort, pardevant Mᵉ Gardy, notaire, demoiselle JEANNE DU FRESNE, fille du seigneur de Sarsigny et de Jeanne du Mellanger ; elle était veuve au moment où fut signé le contrat de mariage de son fils aîné le 10 juin 1486 et encore vivante le 20 juin 1517 date de la sentence rendue entre elle et son petit-fils, au sujet du douaire de sa belle-fille (1).

Suivant un certificat délivré par Jehan, Batard d'Harcourt, le 6 août 1478 ce : « Pierre de Baigneux est un pauvre » gentilhomme lequel a vendu et engagé ses héritages pour » servir le Roi en ses guerres et que, cejourd'hui, il n'a » de quoi aller en cette présente guerre de Bourgogne et » icelui avons excusé et excusons (4). »

PIERRE TELAY dit DE BAIGNEULX rend aveu à Jacques de Mathefelon, écuyer, seigneur d'Antoigné, le 7 janvier 1471 (5).

(1) Archives de Courcival, p. 37 E.
(2) Id., p. 33 F.
(3) Ibid., p. 56 E ; p. 16 C.
(4) Archives de Courcival, p. 38 B.
(5) Archives de la Sarthe, E 368, n° 45.

Le 22 janvier 1472, Pierre de Baigneux et dame Jeanne du Fresne, son épouse, reçoivent bail d'un pré de dame Jeanne Sorelle, leur mère et belle-mère (1).

Le 16 novembre 1474, Pierre de Baigneux, écuyer, sieur de Courcival, fait une donation à Jean de Baigneux, son frère puîné (2).

Le 30 novembre 1482, Pierre Tellaye dit de Baigneux, rend aveu à la seigneurie de Ballon pour plusieurs terres de l'ancien lieu de Montot, dépendant partie de Baigneux, partie de Glatigny (3).

Le 10 janvier 1492, demoiselle Jeanne Du Fresne, veuve de Pierre de Baigneux, achète par échange le lieu du Plessis du Val, en Courcival (4).

La dite Jeanne Du Fresne testa le 1er septembre 1501 (5).

Pierre de Baigneux et Jeanne Du Fresne eurent une nombreuse descendance. Un acte du dernier février 1490 indique cinq ou six filles comme devant être appelées aux partages de la succession de leurs père et mère (6).

1° JEAN DE BAIGNEUX qui continue la filiation.

2° PIERRE DE BAIGNEUX, sieur de Gruau, qui, le 1er septembre 1512, reçut partage en bienfait de la terre du Vieux-Glatigny, en Saint-Mars-sous-Ballon de par dame Macée de la Roussardière, sa belle-sœur, et Rémy de Baigneux, son neveu, pour sa part et portion des droits à lui échus par décès des feus Pierre de Baigneux et Jeanne du Fresne, ses père et mère (7).

(1) Archives de Courcival, p. 37 E.
(2) Id., p. 39 E.
(3) Id., p. 40 K.
(4) Id., p. 51 F.
(5) Id., p. 58 E.
(6) Ibid., p. 48 F.
(7) Id., 65 F. — Arrêt du Conseil.

3º René de Baigneux, prêtre, curé de Saint-Laurent-de-Laing (ou de Lin), au diocèse de Tours, rappelé dans la sentence du règlement de douaire de dame Macée de la Roussardière, sa belle-sœur, le 20 juin 1517, comme ayant assisté au dit lotissement (1). Il assista le 22 juillet 1520 au mariage de son neveu Rémy de Baigneux.

4º Guillaume de Baigneux, sieur de la Mihorie, rappelé dans la sentence du 20 juin 1517, assista avec la qualité de prêtre au partage du 21 janvier 1521 entre Rémy, Jean, Christophe et François de Baigneux ses neveux (2).

5º François de Baigneux, religieux en l'abbaye de Champagne.

6º Guillemine de Baigneux, mariée à Louis de Lespinay, écuyer, seigneur des Essars, comme il appert d'un acte de partage passé le dernier février 1490 en la cour de Saonois, pardevant Mᵉ Le Vayer, notaire, entre la dite Guillemine, d'une part et Jean et Pierre de Baigneux, ses frères aînés (3).

De ce mariage est né un fils.

A. Guillaume de Lespinay.

7º Jeanne de Baigneux, mariée au sieur de Mijergou.

8º Catherine de Baigneux, mariée le 22 mai 1485 à Pierre Le Clerc, fils aîné de Jean Le Clerc, écuyer, sieur des Landes et de la Maison-Neuve, par contrat passé en la cour de Dangeul, pardevant Mᵉ Bouguereau, notaire (4).

(1) Archives de Courcival, p. 66 E.
(2) Id., p. 77 et 78 F.
(3) Id., p. 47 F.
(4) Ibid., p. 43 C.

9º MACÉE DE BAIGNEUX, religieuse en l'abbaye de Champagne.

IV.

JEAN DE BAIGNEUX, IIᵉ du nom, écuyer, seigneur de Baigneux et de Courcival, marié par contrat du 10 juin 1486, passé pardevant Mᵉ Molière, notaire, en présence de Jean de Baigneux, son père, à demoiselle MACÉE DE LA ROUSSARDIÈRE, fille de Jean Roussard, écuyer, sieur de la Roussardière, en Vendômois, et de demoiselle Perrine de la Fléchère (1).

La dite Macée de la Roussardière survécut à son mari, et, veuve, obtint le 20 juin 1517, en la cour du Mans, contre son fils aîné Rémy de Baigneux et sa belle-mère Jeanne du Fresne, une sentence en règlement de son douaire (2).

Le 11 février 1490, Jean de Baigneux, seigneur de Courcival, fait lotissement à René de Baigneux, son frère puîné, prêtre, du lieu du Goupillon en Saint-Mars-sous-Ballon, pour en jouir par usufruit (3).

Le dernier février 1490 le même Jean de Baigneux, par un acte passé en la cour du Saosnois pardevant Mᵉ Le Vayer notaire, fait un accord en forme de partage avec messire Guillaume de Lespinay, fils aîné et procureur de Louis de Lespinay et de dame Guillemine de Baigneux, sa femme (4).

Le 20 juillet 1490, Jean de Baigneux fait pardevant Mᵉ Delafousse, notaire, un contrat de partage avec Jean de Clinchamp, écuyer, à cause de sa femme Jeanne-Françoise Teillaye, fille de feu Pierre Teillaye dit de Baigneux (5).

(1) Archives de Courcival, p. 44 C.
(2) *Id.*, p. 66 E.
(3) *Id.*, p. 47 F ; — Arrêt du Conseil.
(4) *Id.*, p. 48 F ; — Arrêt du Conseil.
(5) *Id.*, p. 49 F.

2

Le 16 décembre 1491, Jean de Baigneux, écuyer, seigneur de Courcival, de Montho, de Champgénéteux fait foi et hommage à noble et puissant seigneur Jehan de Beaumont, seigneur de Lavardin et d'Anthoigné (1).

Le 24 février 1494, noble homme Jean de Baigneux, écuyer, seigneur de Courcival, petit-fils de dame Jeanne Sorelle, fait partage et lotissement à noble homme Guillaume Bouchard, sieur de la Cruche, fils aîné de Macée de Baigneux qui, elle-même, était fille de Jean Ier de Baigneux et de Jeanne Sorelle ; par cet acte il est accordé quatre livres de rente au sieur de la Cruche pour sa part et portion de la terre de Courdoulain qui lui était acquise en la succession de la dite Jeanne Sorelle (2).

Jean IIe de Baigneux et dame Macée de la Roussardière eurent six enfants dont l'existence et les alliances sont rapportées dans un acte du 20 février 1547, passé en la cour d'Angers, pardevant Mre Guillaume Le Rat, lieutenant général en la sénéchaussée d'Anjou, lequel acte est un partage entre noble homme Rémy de Baigneux, fils aîné de Jean, d'une part, et ses frères et sœurs puînés, ou leurs représentants d'autre part (3).

Ces enfants sont :

1° RÉMY DE BAIGNEUX, qui suit.

2° JEAN DE BAIGNEUX, marié à demoiselle JEANNE LE ROUX, dame de la Mercerie, compris, avec son frère Christophe et sa sœur Françoise, dans le partage en bienfait accordé par son frère aîné Rémy, le 21 janvier 1521 : était mort au moment du contrat précité du 20 février 1547 (4).

(1) Archives départementales de la Sarthe, E, 3/68, p. 116.
(2) Archives de Courcival, p. 52 E.
(3) *Id.*, p. 94 F.
(4) *Id.*, p. 79 F.

3° CHRISTOPHE DE BAIGNEUX, marié à dame BARBE DE FONTENAY, figure au partage rappelé ci-dessus ; le 16 juin 1525 il partage le lieu de la Gaudrie, en Courcival, avec son frère Jean (1).

De ce mariage sont nés plusieurs enfants, parmi lesquels un fils :

A. LOUIS DE BAIGNEUX, seigneur de Saint-Paul-le-Vicomte, marié à dame GUILLON LE MARCHAND. Ils étaient morts en 1574 et avaient eu deux enfants :

a. MARGUERITTE DE BAIGNEUX, mariée en premières noces avec noble homme Mre ANDRÉ LE VASSOR, écuyer, sieur de la Harmandière ; et en secondes noces avec Mre PIERRE DE CUISSÉ, dont la fille Judith épousa par contrat passé en la cour du Saosnois, le 3 mai 1592, Mre René de Beauvais, écuyer, sieur des Loges, qui devint par ce mariage, seigneur de Saint-Paul-le-Vicomte (2).

b. ANNE DE BAIGNEUX, mariée par contrat du 22 février 1581, passé en la cour royale du Maine, pardevant Me Prodhomme, à noble personne RICHARD DE SEMALLÉ, écuyer, sieur de Lignerottes, fils de défunt noble homme Guy de Semallé, vivant, sieur du dit lieu, et de demoiselle Marie de la Verne (*alias* de la Vergne (3).

4° LOUISE DE BAIGNEUX, religieuse en l'abbaye de Mallebranche.

5° FRANÇOISE DE BAIGNEUX, rappelée dans le partage

(1) Archives de Courcival, p. 83 F.
(2) Pesche, *Dictionnaire topographique de la Sarthe*, article Saint-Paul-le-Vicomte.
(3) Archives de la famille de Semallé.

du 21 janvier 1521 ; elle épousa Messire JEAN DE BAUSSÉ, lequel, dans l'acte du 20 février 1547 s'est fait représenter par René de la Roussardière, tant comme époux de dame Françoise de Baigneux que comme curateur ordonné par justice aux enfants de défunt noble homme Christophe de Baigneux, puîné, à cause de dame Barbe de Fontenay, sa femme.

6° JEANNE DE BAIGNEUX, mariée à RENÉ DE GOMER, l'aîné, représenté à l'accord du 20 février 1547 par demoiselle Renée de Maillol.

V.

RÉMY DE BAIGNEUX, écuyer, seigneur de Courcival et de Baigneux, épousa par contrat passé le 22 juillet 1520, en la cour de Beaugé, pardevant Me Ruillier, notaire, demoiselle MARGUERITE LE COMTE, fille de Jean Le Comte, écuyer, seigneur de la Touche de Laing et de demoiselle Louise du Mesnil (1).

Le 1er septembre 1512, de concert avec sa mère, dame Macée de la Roussardière, il baille partage en bienfait à son frère Pierre de Baigneux, pour sa part et portion des droits à lui échus par la mort de défunts Pierre de Baigneux et Jeanne du Fresne (2).

Sa mère étant veuve obtint contre lui, en la cour du Mans, le 20 juin 1517, une sentence interlocutoire en règlement de son douaire, sauf les droits de Mres René et Guillaume de Baigneux, ses beaux-frères (3).

Le 21 janvier 1521, ses père et mère étant morts il fit

(1) Archives de Courcival, p. 73 C. Arrêt du conseil donne comme date le 15 août.

(2) Arrêt du conseil.

(3) Archives de Courcival, p. 66 E.

partage à Jean, Christophe et Françoise de Baigneux ses frères et sœur de ce qu'il leur revenait dans la succession de leurs père et mère : cet acte fut passé en la cour de Bonnétable (1).

Le 15 août 1520 il avait donné quittance à noble Jean Le Comte de la somme de 1300 livres partie de la dot promise à son épouse (2).

Le 7 avril 1521 il acheta de noble Guillaume de Baigneux, prêtre, son oncle, une pièce de terre sur laquelle se trouve une maison, sur le chemin de Courcival à Convoise (3).

Le 24 février 1527 il se rend acquéreur du fief de Vauguerin, dit de la Brosse, en la paroisse de Peray (4).

Le 17 juillet 1533, il procède aux partages des biens de noble Jacques Le Comte, entre lui et noble homme Noël du Mesnil, mari de demoiselle Julienne Le Comte, par acte passé en la cour de Sillé, pardevant Mᵉ Taumureau, notaire (5).

Le 30 novembre 1540, Rémy de Baigneux fait à la cour du roi à Angers, par acte reçu de Mᵉ Gouffier, notaire, un contrat de transport en faveur des partages qu'il doit régler avec noble homme René de la Roussardière, seigneur de Parrenau (6).

Le 6 juin 1545 il abandonne à René de Baigneux, son fils aîné, en faveur de son mariage avec demoiselle Marthe des Escottais, les domaines, fiefs et seigneuries de Baigneux et de Glatigny, en Saint-Mars-sous-Ballon, et la métairie des Bomeries et le Petit-Moulin, en Courcival (7).

(1) Archives de Courcival, p. 77 et 78 F. — Arrêt du conseil.
(2) Id., p. 74 J.
(3) Id., p. 80 H.
(4) Id., p. 84 H.
(5) Id., p. 86 F.
(6) Id., p. 88 F.
(7) Id., p. 93 E.

Le 9 décembre 1560 il fait don d'une terre à ses fils puînés François et Sébastien (1).

Par un codicile du 3 janvier 1563, ajouté au testament que lui et dame Marguerite Le Comte avaient fait le 25 janvier 1549, il institue légataires pour 10 écus les enfants de noble homme FRANÇOIS DU MELLANGER, son gendre, époux de demoiselle Louise de Baigneux ; il maintient pour son exécuteur testamentaire noble homme Jacques de Cleraunay, seigneur de Jauzé et subroge aux prédécédés noble homme René de Baigneux son fils et François du Mellanger, son gendre (2).

Rémy de Baigneux et Marguerite Le Comte laissèrent six enfants.

1° RENÉ DE BAIGNEUX qui continue la filiation.

2° JEANNE DE BAIGNEUX, mariée à FRANÇOIS DE MILLON, sieur du Tertre ; elle était veuve le 6 décembre 1566, comme le prouve un acte passé à cette date en la cour du Mans, signé Gogin, qui est un contrat par lequel Jeanne de Baigneux, veuve de feu François de Millon, sieur du Tertre, reconnaît avoir reçu ce qu'il lui revient du partage des biens de ses père et mère (3).

De ce mariage sont nés trois enfants.

A. FRANÇOISE.

B. RENÉE, mariée à NICOLAS DE LORÉ.

C. RENÉ, marié d'abord à la fille du seigneur de la ROUSSARDIÈRE ; puis il entra dans les Ordres et devint curé de Saint-Laurent-de-Laing (ou de Lin).

(1) Archives de Courcival, p. 116 E.
(2) Id., p. 96 E.
(3) Id., p. 133 J.

3° LOUISE DE BAIGNEUX, mariée à FRANÇOIS DU MELLANGER, sieur des Landes-de-Chassé, veuve le 6 décembre 1566, date de la quittance donnée par elle à son frère de ce qu'il lui reconnaît dans le partage des biens de ses père et mère (1). Elle laissa sept enfants dont la destinée est inconnue, excepté celle d'une fille CALAISE, mariée à JEAN LE ROUX, seigneur de Limbardière.

4° MATHURINE DE BAIGNEUX, mariée par contrat du 19 octobre 1566 à JEAN DE BEDDE (*alias* DE RODDE), écuyer, seigneur du Mortier (2).

5° SÉBASTIEN DE BAIGNEUX rappelé au partage du 9 août 1560.

6° FRANÇOIS DE BAIGNEUX donataire, avec Sébastien son frère, d'une terre en la mouvance de Courcival, confrontée aux autres de François de Baigneux, par Rémy de Baigneux, leur père, en date du 9 août 1560 (3).

VI.

RENÉ DE BAIGNEUX, écuyer, seigneur de Courcival et de Saint-Brice, fut cornette en la compagnie du sieur de la Saunerie, sous le commandement de Jean de Bueil, pendant l'année 1552 (4). En 1554, 1555 et 1556 il servit dans la compagnie de 100 chevau-légers du sieur de Rabodanges qui lui délivra plusieurs certificats et congés datés des 28 novembre 1554, 8 novembre 1555 et 25 sep-

(1) Archives de Courcival, p. 132 J.
(2) *Id.*, 128 C.
(3) *Id.*, p. 116 E.
(4) *Id.*, p. 99 et 100 D.

tembre 1556 (1). Il passa ensuite sous les ordres de Messire
Pierre de Thouars, chevalier, seigneur du dit lieu, gouver-
neur et capitaine pour Sa Majesté ès ville et château du
Mans, en l'absence de Monseigneur le duc de Montpensier.
Le 9 août 1563, le dit de Thouars ordonne à René de
Baigneux de se rendre au village de Challes pour y châtier :
« Plusieurs séditieux et rebelles contre sadicte Majesté qui
» se y sont retrais pillent le plat pays et font plusieurs
» aultres cas contrevenant aux édicts de sadicte Majesté.
» Mesme il y a plusieurs des dicts rebelles qui estoient de
» la compagnie de ceux qui ont tenu de force ceste dicte
» ville contre sadicte Majesté, mesme les seigneurs de Grüe
» et de la Ratellière et aultres, lesquels ont fait et font
» plusieurs sacagements d'église et meson (2). » Cet ordre
est visé par Pierre de Thouars et de Bauquemare, commissaire. C'est à la suite de cette expédition que de Baigneux
obtint une sentence le déchargeant des suites des poursuites
intentées contre lui par Perrine Berengère, veuve de Julien
Dangin, paroissien de Challes qui avait été tué par les
hommes du dit René de Baigneux.

Un certificat délivré le 9 juin 1565 par Mre Claude de
Coussan, nous fait savoir que Mre René de Baigneux servait
alors dans la compagnie du sr de Villeparisis (3).

Pour subvenir aux dépenses que lui occasionnent les
services qu'il rend au Roi, René de Baigneux vend à réméré
par acte du 1er mai 1568, au sr Le Vayer, ses terres de
Baigneux et de Glatigny (4). Pour lui tenir compte de ces
sacrifices, le roi Charles IX, par lettre du 21 octobre 1569
l'exempte de la comparution au ban et arrière-ban (5).

Le 11 août 1567, par acte passé en la cour du Mans,

(1) Archives de Courcival, p. 102, 103 et 104 D.
(2) *Id.*, p. 119 D.
(3) *Id.*, 126 D.
(4) *Id.*, p. 131 J.
(5) *Id.*, p. 134 D.

pardevant M⁰ Médard Drouin, notaire, René de Baigneux, baille et assigne en usufruit à Sébastien de Baigneux, son frère puîné, la somme de 40 livres tournois de rente pour son droit d'hérédité dans la succession de ses père et mère (1).

Le 18 octobre 1577 fut signée une transaction entre noble André Levassor S⁽ʳ⁾ de la Harmandière, mari de demoiselle Marguerite de Baigneux, fille de noble Louis de Baigneux, seigneur de Saint-Paul-le-Vicomte, et Guillonne Le Marchand, femme du dit Louis, d'une part ; et noble René de Baigneux, curateur de la dite Marguerite, d'autre part (2).

René de Baigneux avait épousé par contrat du 8 janvier 1544, passé pardevant M⁰ Chapelain, notaire au Mans, et ratifié le 14 novembre 1556, demoiselle MARTHE DES ESCOTTAIS, fille de Jean des Escottais, II⁰ du nom, chevalier, seigneur de la Chevalerie, et de demoiselle Jehanne Guillard (3).

La dite Marthe des Escottais était morte en 1568 ainsi que le prouvent les pièces relatives au différend survenu entre René de Baigneux et son beau-frère Adam des Escottais, difficultés qui se terminèrent par une transaction du 4 mars 1571 et une convention avec dame Jeanne Guillard, conclue le 12 novembre 1596 (4).

En secondes noces René de Baigneux épousa par contrat passé le 3 décembre 1569 à Savigny-sur-Braye, en la cour de Vendômois, pardevant M⁰ Nicolas Duiteau (*alias* Gusteau), notaire, noble demoiselle JEANNE DE LA BESCHÈRE, fille puînée de feu noble homme Jacques de la Beschère, seigneur de la Fortière, de Fretay et des Landes, et de demoiselle Jeanne de Thibivilliers qui, lors du mariage de

(1) Archives de Courcival, p. 129 E.
(2) *Id.*, p. 155 F.
(3) *Id.*, p. 91 et 109 C. — Arrêt du Conseil.
(4) *Id.*, p. 149 et 162 F.

sa fille était remariée en secondes noces avec Mre Gilles Melet, seigneur de la Thomasserye (1).

René de Baigneux était mort en 1596, comme il appert du contrat de mariage de son fils Pierre.

Du premier lit sont nées deux filles.

1° ANTOINETTE DE BAIGNEUX, mariée en premières noces à FRANÇOIS DE SAINT-DENIS, seigneur de Dehault; en secondes noces elle épousa YVES DE LORÉ, puîné de la Touche de Laing : de son premier mariage, elle eut cinq enfants.

A. LOUIS DE SAINT-DENIS.

B. PIERRE DE SAINT-DENIS, marié à demoiselle GABRIELLE DE FROMENTIÈRES, dont :

a. RENÉ DE SAINT-DENIS, marié en 1641 à MARIE DE COURTALIN, dont deux enfants :

α. RENÉ-CHARLES, seigneur de Montigny, vivant en 1698 à Oisseau.

β. MADELEINE, tenue sur les fonts baptismaux par René de Baigneux, chevalier, seigneur de Courcival et Madeleine de Baigneux, épouse de Louis Lécuyer, sieur de la Papotière, le 14 septembre 1643 (2).

C. ANTOINE DE SAINT-DENIS.

D. PHILIPPE DE SAINT-DENIS, sieur d'Alones, baptisé le 12 février 1583, à Dehault, ayant pour parrain noble Philippe de Mondragon et Philippe de Collet de la Chapelle-du-Bois, et pour marraine demoiselle Barbe

(1) Archives de Courcival, p. 144 C. — Arrêt du Conseil.
(2) Archives communales de Dehault.

d'Amilly (1). Il épousa le 2 janvier 1668, dans l'église de Dehault, demoiselle Anne de Guillard, fille de noble homme Pierre de Guillard, seigneur de la Perraye (2).

E. JEAN DE SAINT-DENIS.

2° RENÉE DE BAIGNEUX, mariée le 5 septembre 1569 à Mᵉ LOUIS DE MAILLÉ, seigneur de Ruillé et du Petit-Bénéhard, dont sont issus :

A. ANTOINE DE MAILLÉ, seigneur de Ruillé et du Petit-Bénéhard, qui épousa en 1615, demoiselle Judith du Bosquet.

B. LOUIS DE MAILLÉ, seigneur de la Touche, marié en 1621 avec demoiselle ELISABETH DE BAIGNEUX.

C. RENÉE DE MAILLÉ, femme de Gilles Maillart, seigneur de Kécorlaines (3).

De son second mariage avec Jeanne de la Beschère, René de Baigneux eut quatre enfants :

3° PIERRE, dont l'article suit.

4° JEAN DE BAIGNEUX, prêtre, curé de Courcival.

5° RENÉE DE BAIGNEUX, mariée à Mᵉ JEAN DE BENCE, seigneur de Tréannes ; Jean et Renée reçurent le 21 octobre 1598, de leur frère aîné une cession à titre de don (4).

---

(1) Archives communales de Dehault.
(2) *Id.*
(3) Saint-Allais, *Généalogie des de Maillé.*
(4) Archives de Courcival. p. 167 E.

6° ANNE DE BAIGNEUX, mariée à Archambaud Vilart
(ou Vialart), sieur d'Invilliers, mort avant 1648.

VII.

PIERRE DE BAIGNEUX, IIe du nom, chevalier, seigneur
de Baigneux, de Courcival et de Saint-Mars-de-Locquenay,
épousa par contrat passé le 19 septembre 1596 pardevant
Me Hameau, notaire en Vendômois, demoiselle MADELEINE
DE FROMENTIÈRES, fille de feu Charles de Fromentières,
écuyer, seigneur du Fay, de Cornuaille et du Perray, en
Vendômois, et de demoiselle Charlotte Des Cartes (1).

Pierre de Baigneux s'était, comme son père, attaché de
bonne heure au service du roi : un certificat du 12 octobre
1597 constate que : « Le sieur de Courcival, du Fay et du
» Perray, accompagnait le prince de Conty, gouverneur
» et lieutenant général pour le Roy, en bon et suffisant
» équipage d'armes et de chevaux, au voyage qu'il avait fait
» au siège d'Amiens, où il a fait service à S. M. jusqu'à
» la reddition de la dite ville (25 septembre 1597) et qu'il
» est parti avec lui pour retourner à Paris (2).

Une attestation délivrée le 27 novembre suivant par le
roi Henri IV, et contresignée Pottier, indique que le sieur
« Pierre de Courcival nous a servi tant à l'occasion du siège
» de notre ville d'Amiens que de la bataille, comme depuis
» au voyage d'Arras, à la compagnie d'hommes d'armes dont
» a charge notre très cher cousin le Prince de Conty :

» A ces causes nous l'avons déchargé et exempté de la
» contribution au ban et arrière-ban que nous avons ci-
» devant fait publier, auquel ne pourra être contraint à
» cause des terres et fiefs nobles que tient et possède le
» dit sieur de Courcival (3). »

(1) Archives de Courcival, p. 161 C. — Arrêt du Conseil.
(2) *Id.*, p. 164 D.
(3) *Id.*, p. 165 D.

Le 21 octobre 1598 Pierre de Baigneux fait à Jean et Renée de Baigneux, ses frère et sœur puînés, cession d'une part de l'héritage de leurs père et mère, par acte passé pardevant M⁰ Jean, notaire en la baronnie de Touvoie (1).

Le 20 août 1603, il fait avec sa mère Jeanne de la Beschère, une transaction sur son douaire (2).

Le 1ᵉʳ juin 1604 il fait un accord avec les moines de Tyronneau pour mettre fin à la contestation survenue au sujet du lieu de la Brière, relevant en partie de la dite abbaye (3).

Le 10 mai 1608 fût rendue une sentence de la Table de Marbre qui maintenait Pierre de Baigneux dans le « droit de pêche et garenne deffensable en la rivière d'Orne depuis le moulin de Vesins, jusqu'à l'engouttoir des boiles proche le pont de Perray », sentence qui fût confirmée le 7 février 1609 (4).

Le 12 avril 1610, Pierre de Baigneux, qualifié chevalier, fait hommage au château de Droué, paroisse de Boisseleau, en Vendômois, des terres et seigneuries de Fay et de Cornuaille, mouvantes de la chastellenie de Montigny, à cause de dame Madeleine de Fromentières, sa femme (5).

Pierre de Baigneux mourut le 28 juin 1627 et dame de Fromentières, le 25 mai 1633 ; ils furent enterrés dans le chœur de l'église de Courcival, côté de l'Evangile : une pierre tumulaire placée dans un petit édicule porte l'inscription suivante :

(1) Archives de Courcival, p. 167 E.
(2) *Id.*, p. 172 F.
(3) *Id.*, p. 173 F.
(4) *Id.*, p. 174 F.
(5) *Id.*, p. 176 K.

Cy gisent les corps
De Mre Pierre de Baigneux
En son vivant chevalier, seigneur
Du dit lieu, de Courcival et de
St Mars de Loquenay qui
Décéda le vingt huictieme
Juin mil VIe XXVII
Et de dame Madeleine de
Fourmentieres sa femme
Qui décéda le XXVe Mai M VIe XXXII.
Priez Dieu pour
leurs ames.

Madeleine de Fromentières avait testé le 25 juillet 1631 (1).

Le 13 avril 1629 il fut procédé à l'inventaire des biens laissés par Pierre de Baigneux et ils furent partagés le 9 octobre 1632 entre René de Baigneux, seigneur de Glatigny et Jean de Baigneux, seigneur de Saint-Mars (2).

Du mariage de Pierre de Baigneux et de Madeleine de Fromentières sont issus quatre enfants :

1° RENÉ DE BAIGNEUX qui continue la filiation.

2° ANTOINE DE BAIGNEUX, seigneur de Glatigny qui fut délégué avec son frère comme procureurs fondés de dame Madeleine de Fromentières à la reconnaissance faite le 9 mars 1631 des articles du mariage de René de Baigneux, leur frère aîné, avec demoiselle Marthe Joubert (3). Il avait épousé demoiselle Henriette de Piquerre dont il eut des enfants morts en bas âge comme semblent l'indiquer deux pièces conservées aux archives de la famille qui sont : 1° Un acte du 17 avril 1669 portant

(1) Archives de Courcival, p. 194 E.
(2) *Id.*, p. 187 et 197 F.
(3) *Id.*, p. 192 C.

démission par demoiselle Henriette de Piquerre, veuve
d'Antoine de Baigneux, de ses biens en faveur de ses
enfants; 2º Un acte du 16 mai 1681 qui est le partage des
biens de Mʳᵉ Antoine de Baigneux, sieur de Glatigny et
de demoiselle Henriette de Piquerre, son épouse, entre
ses frères et sœurs puînés (1).

Dans le rôle du ban et de l'arrière-ban pour 1674 la
veuve de Mʳᵉ Antoine de Baigneux de Glatigny est taxée
80 livres (2).

Dans le rôle dressé par Jacques Le Vayer, lieutenant
général et Mᵉ Pierre de Gennes, procureur de Sa Majesté
en exécution des ordres du roi des 1ᵉʳ, 15 et 23 janvier
1575, il est dit que demoiselle Henriette de Piquerre,
veuve d'Antoine de Baigneux, seigneur de Glatigny,
demeurant au Mans, s'est démise de tous ses biens en
faveur de ses enfants et ne possède pour tout avoir que
les revenus de la terre seigneuriale de Baigneux et des
fiefs en dépendant (3).

3º JEAN DE BAIGNEUX, chevalier, seigneur de Saint-
Mars-de-Locquenay, marié en premières noces à demoiselle RENÉE DU BOIS DES COURS et en secondes noces par
contrat passé le 21 octobre 1649, pardevant Mᵉ Villain,
notaire, à demoiselle MARIE PINARD, de la paroisse de
Challes, veuve de défunt noble Christophe Guillemeaux,
écuyer, sieur de Rasteau, exempt des Gardes du Corps
du Roi (4).

Le 24 septembre 1656 fut prononcée la séparation de
biens d'entre Jean de Baigneux et Marie Pinard (5).

Le 21 décembre 1660, Jean de Baigneux reçut de

(1) Archives de Courcival, p. 261 et 262 F.
(2) *Annuaire de la Sarthe*, année 1843.
(3) *Id.*
(4) Archives de Courcival, p. 224 C.
(5) *Id.*, p. 234 G.

Mre Nicolas de la Motte, quittance de la somme de 2400 livres qu'il lui devait par représentation de défunt René de Saint-Rémy, comme adjudicataire de la terre de Montigny, en Montbizot (1).

Le 22 juillet 1669, il obtint avec Antoine de Baigneux seigneur de Courcival, et Pierre de Baigneux ses neveux un arrêt de confirmation de leur noblesse, après avoir eu à soutenir plusieurs procédures contre Mre René Chouet de Vilaines, seigneur de Mauny, conseiller au grand conseil, les manants et habitants de la paroisse de Montbizot, et Thomas Rousseau, ci-devant commissaire à la recherche des usurpateurs de noblesse (2).

Le 14 mars 1713 Jean de Baigneux fait, pardevant Me Joseph Duport, notaire à Foulletourte, paroisse de Cerans, un acte par lequel, en raison de ses infirmités et de la longueur de sa maladie, n'étant plus en état de gérer ses affaires, il abandonna tous ses biens tant meubles qu'immeubles entre les mains de son fils aîné, Mre Charles de Baigneux, seigneur de Montigny, à la charge par lui de payer toutes ses dettes, de remettre à Marie-Madeleine de Baigneux, veuve de Mre Lefebvre de La Valette, une somme de 60 livres, de faire à Antoine de Baigneux, son frère puîné une rente viagère de 25 livres, sous certaines conditions (3).

Jean de Baigneux et Marie Pinard laissèrent quatre enfants:

A. JEAN DE BAIGNEUX, baptisé le 4 novembre 1653, à l'âge de deux ans et neuf mois, en l'église de Saint-Mars-de-Loquenay, ayant pour parrain Mre René de Baigneux et pour marraine, demoiselle Henriette de Piquerre (4).

(1) Archives de Courcival, p. 244 G.
(2) Id., p. 264 A.
(3) Id., p. 388 E.
(4) Archives communales de Saint-Mars-de-Locquenay.

Il servit au Régiment du Roi-Infanterie comme il se voit par un règlement de comptes intervenu entre lui et sa mère le 1ᵉʳ mars 1696 et d'une commission à lui délivrée le 12 août 1698, qui lui donne le rang de capitaine dans le dit Régiment (1).

Le 19 octobre 1701, M. le comte de Calluo, colonel-lieutenant au régiment Royal-Infanterie atteste que Mʳ de Saint-Mars sert en qualité de capitaine réformé à la suite de son régiment depuis la réforme du régiment de Puynormand. (Certificat donné au camp de Riiremonde (2).

B. CHARLES DE BAIGNEUX, seigneur de Montigny, qui épousa le 26 mai 1698, en l'église de Beaufay demoiselle RENÉE-LOUISE DE THIESLIN, fille de Charles de Thieslin, écuyer, seigneur de Courteilles, le Plessis, Beaufay et autres lieux, et de défunte dame Renée-Louise Le Sirier (3).

Lors de la formation du rôle du ban et arrière-ban commencée le 31 mars 1689, Charles de Baigneux, seigneur de Montigny, âgé de 29 ans, demeurant paroisse de la Couture, au Mans, offre de servir en 1690 (4).

Il assistait le 18 août 1705 au mariage de Henri de Thieslin, chevalier, seigneur de Courteilles, avec demoiselle Eléonore-Elisabeth de Mélan (5).

Charles de Baigneux et Renée de Thieslin eurent deux enfants.

a. Un fils baptisé en l'église de Montbizot, le 27 juin 1702.

(1) Archives de Courcival, p. 327 F et 334 D.
(2) *Id.*, p. 344 D.
(3) Archives communales de Beaufay.
(4) *Annuaire de la Sarthe*, année 1843.
(5) Archives communales de Beaufay.

3

b. Charlotte-Catherine-Renée de Baigneux,
baptisée à Montbizot le 21 mai 1703 ; elle épousa
dans la même église le 29 novembre 1721 Messire
Etienne de Guibert, chevalier, conseiller du roi en
l'élection du Mans (1) ; elle était morte en 1736 et
elle avait eu deux enfants.

α. Mre Etienne de Guibert, qui fut seigneur de
la Chabotière.

β. Charlotte-Renée de Guibert, mariée à
Jacques-Marie-Guillaume du Bois-du-Cours, écuyer,
seigneur de Saint-Cosme, l'Étang, le Taillis et autres
lieux, ci-devant lieutenant au régiment de la
Fère (2).

C. Antoine de Baigneux, seigneur de Saint-Mars-
de-Locquenay, demeurant à la terre de la Poslière,
paroisse de Cérans, marié par contrat du 24 mars 1715,
passé pardevant Me Michel Huard, notaire au bourg
d'Oizé, avec demoiselle Helaine Moreau, fille de
défunt René Moreau et de demoiselle Moreau (3). Le
mariage religieux eut lieu le 29 novembre suivant en
l'église de Saint-Vincent-des-Prés (4).
Ils laissèrent deux enfants :

a. Marie-Helaine de Baigneux qui épousa le 13
novembre 1736, en la paroisse de Saint-Vincent-des-
Prés, le contrat ayant été passé le 6 novembre
précédent pardevant Me Pierre Renard, notaire à
Saint-Rémy-du-Plain, Charles Hébert, sieur
d'Islette, fils de défunt Jacques Hébert et de demoi-

---

(1) Archives communales de Montbizot.
(2) Archives communales de Saint-Cosme.
(3) Archives de Courcival, p. 396 C.
(4) Archives communales de Saint-Vincent-des-Prés.

selle Marie Tailland de la paroisse d'Arçonnay (1). Le dit Charles Hébert mourut à 72 ans, le 3 décembre 1756 et fut inhumé en l'église de Saint-Rémy-du-Plain (2).

De ce mariage sont nés trois enfants.

α. RENÉ-CHARLES-JEAN HÉBERT D'ISLETTE, né et baptisé à Saint-Rémy-du-Plain, le 25 septembre 1742.

β. CHARLES-RENÉ HÉBERT D'ISLETTE, né et baptisé à Saint-Rémy-du-Plain, le 28 mai 1743.

γ. MARIE-AIMÉE-HÉLÈNE HÉBERT D'ISLETTE, née le 30 août 1737, qui épousa en 1794 Mre JACQUES-FRANÇOIS-MICHEL DE BAIGNEUX, DE COURCIVAL, son cousin (3).

b. FRANÇOISE-HÉLÈNE DE BAIGNEUX, mariée à Mre ALEXANDRE-JEAN-BAPTISTE LE BOUYER DE SAINT-GERVAIS, seigneur de Monhoudou, dont un fils:

α. FRANÇOIS-GEORGES LE BOUYER DE SAINT-GERVAIS, né et baptisé à Monhoudou, le 24 février 1715 (4).

D. MARIE-MADELEINE DE BAIGNEUX, mariée à Messire CHARLES LE FEBVRE, seigneur de la Valette, Biars, la Salle, Saint-Rémy-des-Monts et autres lieux, âgé de 67 ans, avocat au parlement, mort avant 1700, au château de Biars et inhumé dans l'église de Commerveil (5). Sa femme mourût avant 1742, laissant deux fils.

(1) Archives de Courcival, p. 441 C. — Archives communales de Saint-Vincent-des-Prés.
(2) Archives communales de Saint-Rémy-du-Plain.
(3) Archives communales de Saint-Rémy-du-Plain et de Courcival.
(4) Archives communales de Monhoudou.
(5) Archives communales de Saint-Rémy-des-Monts et de Courgains.

a. CHARLES-GUILLAUME LE FEBVRE DE LA VALETTE, seigneur de Saint-Rémy-des-Monts et de Commerveil, baptisé dans l'église de Commerveil, le 4 novembre 1700, son père étant déjà mort, ayant été ondoyé en l'église de la Couture, au Mans, en 1682; mort sans alliance en 1749 (1).

b. DAVID LE FEBVRE DE LA VALETTE, mort également sans enfants en 1707.

4º MADELEINE DE BAIGNEUX, mariée par contrat du 27 mai 1630, passé à Courcival, pardevant Mᵉ Deschamps, notaire, avec Mʳᵉ LOUIS L'ECUYER, écuyer, sieur du Breuil, fils de René L'Ecuyer, chevalier, seigneur de la Papotière et de Turé, et de dame Edmonde de Beaulieu. Elle était veuve le 30 juillet 1652, comme le constate un contrat de souffrance accordé par le bailly de la seigneurie des Caillaux à demoiselle Madeleine de Baigneux, veuve de Louis L'Ecuyer, seigneur de la Papotière et tutrice de Pierre, René, François, Louis, René-Louis, Charlotte et Louise ses enfants, pour faire l'hommage qu'ils devaient elle et ses enfants, au seigneur des Caillaux, à cause de leur fief de la Papotière, assis dans la paroisse de Coulonges au Perche (2).

VIII.

RENÉ DE BAIGNEUX, IIᵉ du nom, écuyer, seigneur de Courcival, partagea le 9 octobre 1632 la succession de ses père et mère avec Antoine de Baigneux, seigneur de Glatigny

---

(1) Archives communales de Commerveil.
(2) *Preuve de noblesse pour l'admission à Saint-Cyr*, de d'Hozier. Archives de Courcival, p. 190 C.

et Jean de Baigneux, seigneur de Saint-Mars-de-Locquenay, ses frères puînés (1).

Il épousa par contrat passé le 9 mars 1631, demoiselle MARTHE JOUBERT, fille de feu noble homme François Joubert, sieur de la Championnière et de Marie Vasse (2).

Le 18 mars 1632, dame Marie Vasse fait à sa fille un don de 14,000 livres en augmentation de sa dot (3).

Le 8 mai 1643, la même Marie Vasse se démet de ses crédits actifs en faveur de ses petits enfants (4).

Le 3 mars 1647, elle fait une nouvelle donation de 28,000 livres à ses enfants et petits enfants.

Enfin le 8 octobre 1647 elle fit le partage de ses biens immeubles entre ses enfants (5).

René de Baigneux et Marthe Joubert s'étaient fait une donation mutuelle le 11 février 1633 (6).

Le 14 octobre 1645 fut fait un contrat d'échange avec le Chapitre de Saint-Pierre-de-la-Cour, au Mans, par lequel Mre René de Baigneux abandonne audit Chapitre les métairies de la Blaierie, de la Nicollerie et de la Ménagerie, situées en les paroisses de Saint-Mars et de Mézières-sous-Ballon, contre les terres, fief et seigneurie de Cogners (7).

Le 29 octobre 1654, Mre René de Baigneux, chevalier, seigneur de Courcival, assista avec Mre Gilles de Gorie à un accord fait à Vernie, pardevant Me Jacques Gauthier, notaire au Mans, entre dame Marguerite-Renée de Rostain, marquise de Lavardin et Jean du Bouchet, marquis de Sourches, au sujet des honneurs qui leur sont dûs comme fondateurs de l'église de Verniette (8).

(1) Archives de Courcival, p. 197 F. — Arrêt du Conseil.
(2) Id., p. 192 C.
(3) Id., p. 193 E.
(4) Id., p. 215 F.
(5, 6) Id., p. 221 F.
(7) Archives ecclésiastiques de la Sarthe, G. 492 et 656.
(8) Pièce communiquée par M. Chardon.

René de Baigneux et Marthe Joubert augmentèrent beaucoup la terre de Courcival, par acquisitions ou échanges, ainsi que le prouvent de nombreux contrats conservés dans les archives de la famille.

Devenu veuf vers 1656, René de Baigneux se remaria le 6 août 1657 avec demoiselle MADELEINE DE GUILLEMEAUX, veuve de noble Jacques Viger. Tous deux constituèrent le 10 août 1658 une rente de 400 livres en faveur des dames Ursulines du Mans (1).

René de Baigneux servit avec distinction dans les rangs de la noblesse du Maine pendant la campagne de Lorraine à la suite de laquelle il reçut les trois certificats suivants : 1º Le 23 août 1635, du prince Louis de Bourbon, daté de Châlons-sur-Marne ; 2º Le 24 août 1635, de Mᵣᵉ Hay du Chatelet, intendant de la justice de Champagne, en la ville de Châlons ; 3º Le 10 octobre 1635, du duc de Longueville, gouverneur pour le roi en la province de Normandie, de présent au camp de Saint-Nicolas (2).

Le 2 mai 1636 il fut déchargé, par jugement du lieutenant général du Mans, de la taxe à lui imposée pour sa contribution au ban et arrière ban, en considération des services rendus par lui à S. M. dans ses armées de Lorraine (3).

Il était mort le 16 mai 1661, époque à laquelle Messire Larsonneau, sieur des Chalousières est institué curateur des enfants de feus René de Baigneux et Marthe Joubert (4).

Le partage de ses biens fut fait le 26 novembre suivant par acte passé pardevant Mᶜ Rousseau, notaire au Mans et fut réglé, en ce qui concerne sa veuve, dame Madeleine de Guillemeaux par acte du 1ᵉʳ décembre 1661 (5).

René de Baigneux n'eut pas d'enfants de son second

(1) Archives de Courcival C et 239 J.
(2) *Id.*, 201, 202, 203 D.
(3) *Id.*, 206 D.
(4) *Id.*, p. 246 G.
(5) *Id.*, p. 247 et 249 F. — Arrêt du Conseil.

mariage ; mais le partage précité des 26 et 28 novembre
1661 lui en attribue dix de son premier lit :

1° RENÉ DE BAIGNEUX, chevalier, seigneur de Courcival, mort avant son père.

2° ANTOINE DE BAIGNEUX, qui continue la filiation.

3° FRANÇOIS DE BAIGNEUX, mort avant sa mère.

4° PIERRE DE BAIGNEUX, né en 1649, écuyer, sieur
du Plessis de Courcival, entra au service de bonne heure
comme l'indique un acte passé le 30 janvier 1670, par
lequel le conseil de famille, réuni à cet effet, autorise le
sieur Pierre de Baigneux, enseigne au régiment de
Navarre, à disposer d'une somme de 6,500 livres pour
l'achat d'une lieutenance de la compagnie colonelle du dit
régiment (1).

Au moment de son mariage il prend la qualité de capitaine au régiment de Navarre.

Le 39 mars 1688 il est nommé aux fonctions de Major
de la ville du Mans, qu'il conserva jusqu'à sa mort et qu'il
transmit par survivance à son fils (2).

Le 6 septembre il avait fait l'abandon de sa terre de
Glatigny en faveur de sa sœur Renée (3).

Il avait épousé le 18 août 1676, à Bonnétable, demoiselle GABRIELLE DE CHOURSES, fille de Messire Gabriel
de Chourses, seigneur de Beauregard, capitaine et gouverneur de la ville et château de Bonnétable et de défunte
Renée Dagues ; le mariage fut célébré en l'église de
Bonnétable par Mre Jean de Baigneux, frère de l'époux,
prêtre, prieur, de Sacé, bachelier en droit canon (4).

(1) Archives de Courcival, p. 268 A.
(2) Id., p. 310 D.
(3) Id., p. 302 E.
(4) Archives communales de Bonnétable.

D'après la pierre tombale qui a été rapportée du Mans à Courcival et qui est déposée dans le caveau de la famille, Pierre de Baigneux, mourut le 21 juillet 1716 à 67 ans et sa femme Gabrielle de Chourses, le 11 juillet 1719 à 71 ans.

Ils eurent une nombreuse descendance.

A. CHARLES DE BAIGNEUX DE COURCIVAL, chevalier, seigneur de Chemilly, qui servit en 1703 comme lieutenant au régiment de Vivarais, passa avec le même grade à la compagnie colonelle de ce régiment, le 10 février 1706 et y devint capitaine le 30 mars 1709. Nommé chevalier de Saint-Louis, il obtint le 3 janvier 1714, la survivance des fonctions de major de la ville du Mans, après son père (1).

Il se maria le 3 juillet 1727, par contrat passé par devant M⁰ˢ Michel Fay et Louis Hodebourg, notaires garde-notes du roi, au Maine, avec demoiselle MARIE-ANNE DE MORÉ-CHAPPELAIN, fille de défunt Monsieur maître de Moré-Chappelain, vivant, conseiller du roi, magistrat en la sénéchaussée et siège présidial du Mans et de Marie-Anne Aubert (2).

De ce mariage est né un fils.

a. PIERRE-JACQUES-LOUIS DE BAIGNEUX, qui mourut à Paris, le 19 août 1753 étant mousquetaire noir de la garde du roi, comme il ressort du compte rendu le 28 avril 1755 par Guy Martigné, notaire royal au Mans, aux héritiers du dit de Baigneux (3).

Ses biens furent partagés le 6 août 1754 entre dame Renée-Françoise de Baigneux de Courcival, veuve de Mʳᵉ Antoine-Pierre de Bragelongue, pour les

(1) Archives de Courcival, p. 348, 359, 365, 386 D.
(2) Id., p. 428 C.
(3) Id., p. 479 E.

deux tiers, et demoiselle Louise-Marguerite de Baigneux de Chemilly, pour l'autre tiers (1).

B. GABRIELLE DE BAIGNEUX, née et baptisée à Bonnétable, le 15 décembre 1678 (2).

C. GABRIELLE-RENÉE DE BAIGNEUX, née le 20 juillet 1679, morte le 4 septembre suivant (3).

D. GABRIEL-PIERRE DE BAIGNEUX, baptisé à Bonnétable, le 20 octobre 1680, est entré jeune au service et a été tué à la bataille de Spire en 1703 (4).

E. PIERRE DE BAIGNEUX, baptisé à Bonnétable, le 4 janvier 1681 (5).

F. GABRIELLE-MARIE DE BAIGNEUX, baptisée à Bonnétable le 20 novembre 1681, morte quelques heures après sa naissance (6).

G. MARIE-ANNE DE BAIGNEUX, née le 5 septembre 1682 (7).

H. RENÉE-FRANÇOISE DE BAIGNEUX, mariée en premières noces le 17 décembre 1708, à Mre JACQUES LAIR, écuyer, conseiller du roi, maison et couronne de France et de ses finances, fils de défunt Mre Jacques Lair, conseiller du roi et receveur général de ses finances en la Généralité de Tours et de dame Anne Cemeau, son épouse (8).

(1) Archives de Courcival, p. 475 F.
(2) Archives communales de Bonnétable.
(3) *Id.*
(4) *Impôt du Sang.* — Archives communales de Bonnétable.
(5) Archives communales de Bonnétable.
(6) *Id.*
(7) *Id.*
(8) Archives de Courcival, p. 363 C.

Jacques Lair testa le 4 septembre 1710 et, par un codicile en date du 22 du même mois, il chargea MM^{res} Le Vayer, maître des requêtes, Le Vayer de Boutigny, conseiller au parlement, Le Vayer de Vandœuvres, conseiller à la cour des aides et M^{re} Le Boindre, conseiller au parlement, d'aider Madame veuve Lair de leurs conseils (1).

Renée-Françoise de Baigneux épousa en secondes noces, le 25 octobre 1712, en l'église Saint-André-des-Arts, à Paris, Mre ANTOINE-PIERRE DE BRAGELONGUE, chevalier, seigneur comte des Ouches, fils de défunt Mre Emery de Bragelongue, chevalier, seigneur des Ouches, et de défunte dame Geneviève de Brignon (2).

Elle se sépara le 11 avril 1716 et elle était veuve le 31 juillet 1737, époque du mariage de Mre Jacques de Baigneux, son cousin germain. Elle mourut elle-même le 4 juin 1759 et reçut la cérémonie de la sépulture le lendemain dans l'église des Minimes du Mans (3).

J. LOUISE-MARGUERITE DE BAIGNEUX, dite Mademoiselle de Chemilly, présente au contrat de son frère aîné Charles ; morte au Mans et enterrée le 31 juillet 1770, en l'église de la Couture.

Sa succession qui ne consistait qu'en rentes viagères et en objets mobiliers fut partagée le 27 mai 1771 (4).

5° JULIEN DE BAIGNEUX qui figure aux partages des successions de ses père et mère du 26 novembre 1661. Il était mort le 26 décembre 1662, époque du partage de son héritage entre ses frères et sœurs survivants (5).

(1) Archives de Courcival, p. 383 C.
(2) Id.
(3) Id., p. 404 G.
(4) Id., p. 545 F.
(5) Id., p. 247 F.

6º RENÉE DE BAIGNEUX, dite Madame de la Championnière, mariée par contrat du 9 février 1670 avec Mʳᵉ CHARLES DU PONT D'AUBEVOYE, chevalier, seigneur de la Roussière et de la Moussenaudière, né le 3 mars 1645, ancien mousquetaire de la garde du roi (1). De ce mariage sont nés huit enfants, deux fils et six filles religieuses.

A. RENÉ DU PONT D'AUBEVOYE, chevalier, seigneur de la Roussière et de la Championnière, marié avec demoiselle Marie-Marguerite de Gennes.

B. JACQUES DU PONT D'AUBEVOYE, chevalier de la Roussière, seigneur d'Aubevoye, capitaine au régiment de Lautrec-Dragons, marié : 1º Avec demoiselle Marie Lejumeau de Blou, dont il n'a pas eu d'enfants ; 2º En 1739, à dame Marie-Anne-Jacquine Richer de Monthéard dont il eut une fille mariée à Henri d'Espaigne de Vennevelles.

C. D. E. F. G. H. Six filles religieuses.

7º JEAN DE BAIGNEUX, prêtre, chanoine régulier de l'ordre de Saint-Augustin, prieur de Sacé.

8º ANTOINE-FRANÇOIS DE BAIGNEUX, également prêtre et chanoine de l'ordre de Saint-Augustin qui fut plus tard de 1685 à 1703, curé de Courcival.

Le 19 juillet 1687, il fait une déclaration et rend hommage pour quelques héritages relevant de Chaumont et d'Argenson (2).

Le 31 janvier 1695, il achète de Mᵐᵉ de Menon, les champs du Perche et de la Godelière (3).

(1) *Généalogie de la famille du Pont d'Aubevoye,* par Lainé.
(2) Archives de Courcival, p. 309 H.
(3) *Id.,* 324 H.

Il était mort avant le 14 août 1704 date de l'inventaire de ses biens fait à Baigneux et ses dits biens furent partagés le 30 septembre 1706 (1).

9° et 10° MARTHE et MARIE DE BAIGNEUX, sœurs professes aux dames Ursulines du Mans.

IX.

ANTOINE DE BAIGNEUX, chevalier, seigneur de Courcival, né à Courcival, le 18 octobre 1643, servit en qualité d'enseigne aux Gardes Françaises en 1659 et fut nommé chambellan de S. A. R. Monseigneur le duc d'Orléans, frère unique du roi, le 20 mai 1674 (2).

Il comparut le 2 septembre 1674 à la convocation du ban et arrière-ban de la noblesse du Maine, et déclara : « Être » prêt et en équipage pour servir le roi ; que sa terre et fief » de Courcival pouvait valoir de 5 à 6,000 livres de rente et » que, du chef de sa femme, il était encore propriétaire et » seigneur des terres de la Babinière et de la Giraudière, » aux paroisses de Lasse et de Dannemarie en Anjou (3). »

Convoqué une seconde fois le 15 mai 1675 à la réunion de l'arrière-ban, il produisit un certificat de Mre Louis de Clinchamps, chevalier, seigneur du Puy et de Launay-Rond, brigadier général de la noblesse de France et commandant celle du Maine, datée de Verdun, le 22 novembre 1674 constatant que le dit Antoine de Baigneux avait servi pendant tout le temps de la dernière convocation de l'arrière-ban de la noblesse du Maine, comme lieutenant de cette noblesse (4).

(1) Archives de Courcival, p. 354 et 361 F.
(2) Id., p. 280 D.
(3) Id., p. 282 D.
(4) Id., p. 285 D.

Il reprit du service pendant la guerre de succession d'Angleterre, et fut attaché en qualité de lieutenant-colonel du régiment de Touraine à l'armée commandée par le maréchal de Catinat, en Dauphiné et en Savoie, comme le prouvent les ordres et instructions qui lui furent donnés aux camps de Montméliau, de Salanches, de Villars et de Pignerol, pendant les années 1691 et 1692 (1).

Il avait épousé par contrat passé à Paris le 9 août 1672 en la maison de Mme de Chemiré, demoiselle RENÉE DE VASSELOT, fille de défunt Mre Louis de Vasselot, chevalier, seigneur de Dannemarie, du Chateigner et de la Babinière et de dame Françoise de Maugas, sa veuve, alors remariée avec M. Edmond de Broc, chevalier, seigneur de Chemiré en Anjou (2).

Il fut confirmé dans sa noblesse en même temps que Pierre de Baigneux, son frère et Jean de Baigneux son cousin-germain par arrêt du conseil du 22 juillet 1669 (3).

Il mourut le 2 août 1701 et fut inhumé en l'église de Courcival, en présence de son fils René et de sa fille Marie (4).

Dame Renée de Vasselot, mourut le 27 février 1737 à 89 ans et fut également inhumée en l'église de Courcival. Elle avait testé le 15 janvier 1726 (5).

De ce mariage sont nés six enfants dont cinq étaient présents aux partages faits le 30 septembre 1706 des biens de Mre Antoine de Baigneux, de son fils Antoine et de son frère Antoine-François, curé de Courcival (6).

1º RENÉ-ERARD DE BAIGNEUX, chevalier, seigneur de

(1) Archives de Courcival, p. 318 D.
(2) Id., p. 275 C.
(3) Id., p. 264 A.
(4) Archives communales de Courcival.
(5) Archives de Courcival, p. 425.
(6) Id., p. 361 F.

Courcival, marié en premières noces par contrat du 3 octobre 1711, la cérémonie religieuse ayant eu lieu le 20 octobre suivant, avec dame MARGUERITE MOUTON, veuve de Mre Claude de Fontenay, chevalier, seigneur de Soisay, au Perche, lieutenant des maréchaux de France (1).

En secondes noces il épousa par contrat passé le 18 octobre 1728, pardevant Me Martin, notaire à Bellême, demoiselle RENÉE DU HARDAS, fille de défunt Mre Jacques du Hardas, chevalier, seigneur d'Hauteville et de dame Louise-Henriette du Liscoët (2).

Il testa le 15 janvier 1747 et ajouta à son testament plusieurs codiciles en date du 7 juin 1748, 1er mai 1749 et 14 juin 1750 ; par le premier de ces codiciles il institue Me Boivin, notaire à Bonnétable, pour son exécuteur testamentaire au cas où M^re Le Vayer, se recuserait. Son testament fut ouvert le 9 février 1755 et l'on vit que, par le dernier codicile, il avait institué pour ses exécuteurs testamentaires dame Renée du Hardas, sa femme, conjointement avec Mre Jean-François Le Vayer, chevalier, conseiller du roi, maître des requêtes ordinaires de son hôtel, seigneur de la Davière et autres lieux (3).

Il mourut le 31 janvier 1755 à près de 80 ans et fut inhumé en l'église de Courcival (4).

Le partage de ses biens eut lieu le 8 juin 1756 (5). Il n'a pas laissé d'enfants.

Sa veuve mourut le 11 février 1776 à l'âge de 77 ans.

2° MARIE-ANGÉLIQUE DE BAIGNEUX qui testa le 28 juin 1738 (codicile du 9 février 1742) et fut inhumé le 23 novembre 1755 en l'église de la Couture, au Mans.

(1) Archives de Courcival, p. 376 C.
(2) Id., p. 432 C.
(3) Id., p. 459 et 467 E.
(4) Archives communales de Courcival.
(5) Archives de Courcival, p. 493 F.

3° Marie-Anne-Louise de Baigneux testa avec sa sœur le 28 juin 1738 (codiciles des 28 mai 1745 et août 1764) (1). Elle mourut le 28 avril 1764 à l'âge de 84 ans et fut inhumée le lendemain au grand cimetière de la ville du Mans, après avoir reçu la cérémonie de la sépulture en l'église de la Couture.

4° Françoise-Renée de Baigneux, a reçu, comme ses sœurs, la cérémonie de la sépulture, en l'église de la Couture au Mans, le 25 octobre 1768.

5° Mre Jacques de Baigneux qui continuera la filiation.

6° Mre Antoine de Baigneux, chevalier, capitaine dans un régiment de dragons, tué le 7 novembre 1702 à la bataille de Luzara en Italie (2).

X.

JACQUES DE BAIGNEUX, chevalier, seigneur de Courcival, baptisé le 15 mai 1689, fut page du duc d'Orléans en 1709, cornette de la compagnie de Montauban, au régiment d'Orléans-Cavalerie, le 5 janvier 1712, lieutenant réformé à la suite de ce régiment le 6 octobre 1714, et capitaine réformé à la suite de ce régiment, le 20 février 1719 (3).

Il mourut le 19 novembre 1775 à Baigneux et fut inhumé en l'église de Saint-Mars-sous-Ballon.

Il épousa par contrat passé le 31 juillet 1737 au château de la Freslonnière, en Souligné-sous-Ballon, pardevant Me Gervais Fortier, notaire royal à Souligné-sous-Ballon

(1) Archives de Courcival, p. 449 E.
(2) *Impôt du sang* de d'Hozier, édité par M. L. Paris, t.   .
(3) Archives de Courcival, p. 395 et 411 D.

(la bénédiction nuptiale n'ayant été donnée que le 12 octobre suivant en l'église de Souligné), demoiselle MARIE-GENEVIÈVE COUPARD, fille de Mre Michel Coupard de la Blotterie, écuyer, conseiller secrétaire du roi, maison et couronne de France et de ses finances, seigneur de la Freslonnière, Souligné, Le Creux, Bellesaulle et autres lieux et de dame Marie-Thérèse Bouillard, son épouse (1).

D'après un acte de notoriété dressé le 2 mai 1786 en l'étude de Me Martigné, notaire au Mans (2), Mre Jacques de Baigneux et dame Geneviève Coupard ont eu quatre enfants, trois fils et une fille.

1° Jacques-François-Michel de Baigneux, dont l'article suivra.

2° Jacques-René-Joseph de Baigneux, ondoyé le 12 février 1746 et baptisé le 27 mai 1750, en l'église de la Couture, mort au Mans en 1759, étant étudiant au collège de cette ville (3).

3° Jean-Baptiste de Baigneux, né au Mans, en la paroisse de la Couture et décédé à Metz, comme lieutenant au régiment Dauphin-Infanterie, des suites des blessures reçues à l'armée, à l'âge de 22 ans et inhumé le 16 juin 1764 en l'église de Sainte-Croix (4).

4° Renée-Thérèse de Baigneux, ondoyée en l'église de la Couture au Mans, le 28 avril 1739, baptisée à Souligné, le 7 juillet 1740 (5). Mariée par contrat du 28 octobre 1765, passé pardevant Me Louzier, notaire à

(1) Archives de Courcival, p. 445 C.
(2) *Id.*, p. 584 B.
(3) *Id.*, p. 586 B.
(4) *Id.*, p. 520 B.
(5) *Id.*, p. 450 et 451 B.

Souligné-sous-Ballon, les cérémonies religieuses ayant eu lieu le lendemain à Courcival (1), avec Mre JACQUES-CHARLES DE L'HERMITTE, chevalier de Saint-Louis, capitaine servant au régiment Dauphin-Infanterie, fils de Mre Jacques-Nicolas de l'Hermitte, écuyer, seigneur de Saint-Denis et de dame Marie-Charlotte-Jacqueline Chagrin.

De ce mariage est né un fils :

A. JACQUES-GENEVIÈVE DE L'HERMITTE, seigneur de Saint-Denis, chevalier de Saint-Louis, capitaine retraité du régiment d'Aquitaine, marié par contrat passé au château de Blavou, le 11 mai 1789, avec demoiselle Marie-Renée-Nicole de Vanssay.

De ce mariage est née une fille.

a. JACQUELINE-ROSALIE DE L'HERMITTE, mariée le 9 décembre 1811, avec Auguste-Alexandre, comte de Vanssay, officier au 5e dragons, dont une fille :

α. MARIE-EUDOXIE DE VANSSAY, mariée en 1832 à M. Pons-Timoléon-Maurice Stellaye de Baigneux de Courcival. (Voir page 62.)

XI.

JACQUES-FRANÇOIS-MICHEL DE BAIGNEUX, chevalier, seigneur de Courcival, qualifié marquis dans plusieurs lettres et contrats (2), né le 31 décembre 1740, ondoyé en l'église de la Couture, baptisé le 5 septembre de la même année ; a été page de Son Altesse Sérénissime Monseigneur le Duc d'Orléans ; a servi comme cornette au régiment

---

(1) Archives de Courcival, p. 526 C. — Archives communales de Courcival.

(2) Titre de courtoisie.

d'Orléans-Cavalerie, le 16 septembre 1758 et a fait en cette qualité les campagnes de 1758, 1759, 1760, 1761 et 1762 de la guerre de sept ans, après lesquelles il a été réformé en 1763 jusqu'en 1773. En 1777 il fut pourvu de la charge de lieutenant des maréchaux de France à Mamers et fût en même temps nommé gouverneur de cette place, suivant un certificat délivré le 7 mai 1789 par M. le chevalier de Tudert, chevalier de Saint-Louis, brigadier des armées du roi (1).

Il épousa en premières noces par contrat passé le 15 février 1770, pardevant Me Martigné, notaire au Mans, demoiselle SUZANNE-SCHOLASTIQUE DE MARIDORT, fille de Mre François-Julien de Maridort, chevalier, seigneur de Sainte-Marie-au-Bois, ancien officier du régiment de Champagne et de demoiselle Charlotte-Suzanne Chouet de Vilaine, son épouse (2).

Il en eut deux enfants :

1º ANTOINE-CHARLES DE BAIGNEUX, né le 8 janvier 1771, baptisé le même jour et mort très peu de temps après sa naissance.

2º FRANÇOIS-TIMOLÉON DE BAIGNEUX DE COURCIVAL, qui continuera la filiation.

Demoiselle Suzanne-Scholastique de Maridort mourut des suites de ses couches, le 10 mars 1772 et fut inhumée en l'église de Courcival (3).

Jacques-François-Michel de Baigneux, épousa en secondes noces, par acte passé en la mairie de Courcival le 23 nivose an II (13 janvier 1794), demoiselle MARIE-AIMÉE-HÉLÈNE HÉBERT D'ISLETTE, âgée de 56 ans, sa cousine (voir page 39) (4).

(1) Archives de Courcival, p. 594 D.
(2) *Id.*, p. 540 C.
(3) Archives communales de Courcival.
(4) *Id.*

Il laissa deux enfants de ce second lit :

3º JACQUES-ANDRÉ STELLAYE DE BAIGNEUX DE COUR-
CIVAL, né le 8 août 1776 à Paris, baptisé en l'église de
Saint-Benoist, décédé à Mortagne le 14 janvier 1832.

Il avait épousé à Mortagne le 27 juin 1808 demoiselle
ROSE-ANTOINETTE D'ESPINAY SAINT-LUC, née le 22 mai
1783 à Saint-Nicolas-de-Sommaire, décédée à Orbec-en-
Auge, le 22 mars 1851, fille de M. Valérien-Antoine-
François d'Espinay Saint-Luc et de dame Rosalie de
l'Hermitte.

De ce mariage sont issus quatre enfants :

A. HÉLÈNE-NATHALIE DE STELLAYE, née le 25 mars
1809 à Mortagne, mariée le 10 février 1834 à M. LOUIS-
PHILIPPE DE LA ROUVRAYE, né le 4 août 1796, ancien
officier d'infanterie, chevalier de la Légion d'honneur,
dont elle a eu deux enfants :

    a. MARIE-MAXIME, née le 22 août 1835 à Mortagne.

    b. CÉCILE-AGATHE, née le 17 mai 1841 à Mortagne,
mariée le 31 juillet 1866, à Orbec, avec M. JOSEPH-
PAUL-ARTHUR-VINCENT LE FERRIER DE MONTAL, né
le 4 novembre 1837 à Grenoble, fils de Joseph-Hector-
Vincent de Montal et de Céleste-Angèle Durand de
Durand.

    Ils ont quatre enfants.

    α. PAUL-LOUIS-JOSEPH, né le 24 juillet 1867 à
Grenoble.

    β. MAURICE-ERNEST-JOSEPH, né le 18 juillet 1869
à Grenoble.

    γ. JOSEPH-GABRIEL, né le 20 décembre 1873
à Grenoble.

    δ. RENÉ-JOSEPH, né le 28 août 1880 à la Rivière.

B. Marie-Clotilde de Stellaye, née le 14 mai 1811, mariée le 13 mai 1834 à M. Zacharie-Henri de Touvois, vicomte de Thibout de Budefosse, décédé à Mortagne le 4 décembre 1857, laissant une fille unique.

a. Antoinette, née le 20 mars 1835, entrée dans l'association des Dames de Sainte-Marie-Réparatrice, en même temps que sa mère, le 20 février 1863.

C. Louis-Timoléon de Stellaye de Courcival, né le 14 juin 1815, à Mortagne, marié le 1er juin 1847 par contrat passé pardevant Me de La Roque, notaire à Bellême, avec demoiselle Isabelle-Appoline Dubois de Montulé, née aux Roches le 26 mai 1827, fille de Charles-Hyppolite-César Dubois de Montulé et de Appoline-Françoise Le Couturier de Sainte-James.
De ce mariage sont issus deux enfants.

a. Edgard-Louis Stellaye de Courcival, né à Bellême, le 28 décembre 1849.

b. Blanche-Isabelle, née le 23 septembre 1848, à Bellême, mariée le 24 septembre 1872, par contrat passé pardevant Me Boy, notaire à Marçon, avec M. Adolphe-Louis-Alfred de Graslin, né le 16 février 1845, à Tours, fils de M. Adolphe-Hercule de Graslin et de dame Céline de Rorthays.
De ce mariage est née une fille.

α. Geneviève - Marie - Blanche - Isabelle - Adolphine, née le 11 juillet 1873, au Mans.

Louis-Timoléon de Courcival est décédé aux Roches, le 17 novembre 1878.

D. Henri-Jacques de Stellaye de Courcival, né le 22 juillet 1821 à Mortagne, décédé le 26 décembre 1878, au château de Sommaire, a épousé le 25 janvier

1853, demoiselle Alix de la Boullaye de Théveray, née le 6 octobre 1834, fille de M. de la Boullaye de Théveray et de dame Jeanne-Gabrielle-Albine de Bizemont.

Ils n'ont pas eu d'enfants.

4° Agathe-Benoise, baptisée dans l'église de Bonnétable, le 23 janvier 1778, mariée par acte passé en la mairie de Courcival, le 21 Floréal, an XI (11 mai 1803), avec M. René-Charles Baril, né à Mortagne le 3 juillet 1775, lieutenant d'artillerie, fils de défunt René-Charles-François Baril, en son vivant, capitaine d'artillerie, et de dame Victoire-Charlotte d'Hallon de Chavannes.

Me Baril est mort le 10 octobre 1820 et sa femme le 12 mai 1858, au château de Couplehaut en Courgeou.

De ce mariage sont nés deux enfants :

A. Agathe-Pascalie, née en janvier 1804, mariée le 2 novembre 1823, avec Achille-Ajaccio de Gand, fils de Edme-Achille-Antoine de Gand, et de dame Jeanne-Judith-Victoire Violette ; elle est morte le 3 janvier 1833 et son mari le 16 juillet 1845 : ils ont laissé un fils unique.

a. Paul-Joseph-Achille de Gand, né à Caen le 14 mai 1826, marié le 23 mai 1853, avec demoiselle Marie-Augustine de Villereau, née le 6 mai 1834, fille de Jacques-Auguste-Victor de Villereau et de demoiselle Marie-Euphémie d'Ornant.

De ce mariage sont nés quatre enfants.

α. Roger-Paul, né à Bellême le 1er novembre 1861.

β. Renée-Marie-Augustine, née le 28 octobre 1855 à Bellême, mariée le 23 novembre 1880, avec M. Gaston-Marie-Albert de Postel des Minières, né à Évreux, le 28 juillet 1854, fils de Charles-Henri de Postel de Minières et de dame Marie-Albertine de Clinchamp-Bellegarde.

γ. MARIE-PAULINE, née à Mortagne le 31 octobre 1857.

δ. ANTOINETTE-JOSÉPHINE, née à Mortagne le 13 mars 1877.

B. PLACIDIE-HÉLÈNE, née en décembre 1813, mariée le 28 juillet 1834 avec M. LOUIS-ERNEST DE NOLLET DE MALLEVOUE, né en septembre 1806 à Bellême, fils de Louis-Alexandre de Nollet de Mallevoue, chevalier de la Légion d'honneur et de demoiselle Anne-Delphine Jannart de Médemanche.

De ce mariage sont issus deux enfants :

a. GEORGES DE NOLLET DE MALLEVOUE, né le 27 avril 1847 à Couplehaut, capitaine de Cavalerie, marié le 13 février 1881, par contrat passé au Mans, pardevant Me Berthault, notaire, avec demoiselle ADRIENNE FOLLIE, fille de M. Adrien Follie, lieutenant-colonel du Génie, et de dame Angélique Ganet.

De ce mariage est née une fille :

α. JEANNE-MARGUERITE-MARIE DE MALLEVOUE, née le 27 décembre 1881 à Provins.

b. BERTHE DE MALLEVOUE, née le 11 décembre 1846, mariée le 9 janvier 1869, avec M. AMÉDÉE DE TERRAS, né le 18 mars 1840, ancien capitaine d'Etat-Major, chevalier de la Légion d'honneur, fils de Charles-Joseph de Terras et de dame Claudine-Alexandrine-Françoise de Saint-Just.

Ils ont deux enfants.

α. GUY-MARIE, né le 30 mars 1870 à Couplehaut.

β. MICHEL - MARIE, né le 1ᵉʳ octobre 1871 au Grand-Bouchet.

Monsieur Ernest de Mallevoue est mort à Couplehaut, le 22 juillet 1879 et sa femme est morte au Grand-Bouchet, le 5 septembre 1881.

Jacques-François-Michel de Baigneux avait eu avant, son mariage, une fille naturelle Eléonore-Agathe Stellaye, à laquelle dame Geneviève Coupard, mère du dit de Baigneux avait, par son testament en date du 28 novembre 1783 (1), légué une rente viagère de 200 livres, legs qu'elle annula par un codicile du 23 mai 1785, la dite Agathe s'étant alors mariée le 1ᵉʳ février 1785, en l'église de Courcival, du consentement et sous l'autorité de Mʳᵉ Alexandre-Isidore de Baville de Lusigny, prêtre, prieur de Saint-Symphorien, en Marolles, son curateur, avec le sieur Jacques-Léonard Chasteniaud, dit Vallier, âgé de 25 ans, marchand de la paroisse de Saint-Etienne en la ville de Saint-Léonard au diocèse de Limoges (2).

XII.

FRANÇOIS-TIMOLÉON DE BAIGNEUX DE COURCIVAL, qualifié marquis, comme son père, né le 5 mars 1772 à Courcival, produisit en 1787 les preuves nécessaires pour être admis parmi les pages que la reine faisait élever dans ses écuries ; à sa sortie des pages, il servit comme cornette dans un régiment de Cavalerie ; il émigra en 1791 et il se rendit à l'armée de Condé dont il fit toutes les campagnes. Il ne rentra en France qu'au commencement de 1800, lorsque la tourmente révolutionnaire fut un peu calmée ; à

(1) Archives de Courcival, p. 547 E.
(2) Archives communales de Courcival.

la Restauration de 1814 il fut replacé comme mousquetaire dans une des compagnies de la garde du roi licenciée en 1815, et fut fait chevalier de Saint-Louis le 25 avril 1816.

Il avait épousé par contrat passé le 3e jour complémentaire de l'an 9 (20 septembre 1801), pardevant Me Bro, notaire à Paris, demoiselle ADÈLE DE FAY DE LA TOUR MAUBOURG, fille de Mre Marie-Charles-César de Fay, marquis de la Tour-Maubourg, général de brigade et de dame Marie-Charlotte Pinault de Tenelles (1).

M. François de Baigneux est mort à la Rochère le 7 janvier 1850 ; sa femme était décédée à Paris le 27 juillet 1811.

De ce mariage sont nés quatre enfants.

1º PONS-TIMOLÉON-MAURICE STELLAYE DE BAIGNEUX DE COURCIVAL, qui continue la filiation.

2º Un second fils mort au berceau.

3º EUGÉNIE-ADÈLE-HENRIETTE-FRANÇOISE DE COURCIVAL, née le 19 novembre 1802, à Passy, près Paris, décédée à la Rochère, le 3 septembre 1865. Elle avait épousé le 22 avril 1834, par contrat passé pardevant Me Chevreau, notaire à Saint-Gervais-en-Belin, M. EUGÈNE-GEORGES-HONORAT DUBOIS DE MONTULÉ, ancien officier supérieur d'infanterie, chevalier de Saint-Louis et de la Légion d'honneur, et de dame Alexandrine-Pauline Salmon de Loiray.

De ce mariage sont nés trois enfants dont un seul a survécu.

A. HENRIETTE-MARIE-FRANÇOISE DE MONTULÉ, née le 1er septembre 1836 à la Rochère, mariée par contrat passé le 5 mai 1856 pardevant Me Berthault, notaire au Mans avec M. LOUIS-CHARLES-HENRI DE LA FONS, comte

(1) Archives de Courcival, p. 647 C.

DES ESSARTS, fils de Charles-Jean-Baptiste de la Fons, comte des Essarts et de dame Adelaïde-Jeanne de Neuf-Carres. Le comte des Essarts était né à Pithiviers, le 2 janvier 1827 : il est décédé à Vannes le 20 mai 1882. De ce mariage sont issus trois enfants :

a. HENRI-MARIE-LOUIS-EUGÈNE, né le 30 mai 1857, au Mans.

b. JEANNE-MARIE-HENRIETTE, née le 24 septembre 1864, au Mans.

c. JUSTE-MARIE-LOUIS, né le 1er janvier 1869, à Paris.

4º CATHERINE-MARIE DE COURCIVAL, née le 22 août 1810, à la Rochère, mariée par contrat passé le 29 avril 1833, pardevant Me Chevreau, notaire à Saint-Gervais-en-Belin, avec M. CÉSAR-CHARLES-FLORIMOND-LÉOPOLD, comte de COLOMB DE BATTINE, né à Nancy, le 17 juillet 1811, fils de Abel-Etienne-Florimond, comte de Colomb de Battine, ancien officier de l'armée de Condé, chevalier de Saint-Louis et de l'ordre du Phénix de Hohenlohe, et de Sidonie de Pochard.

De ce mariage sont nés trois enfants dont deux seulement ont vécu.

A. FLORIMOND DE BATTINE, né en 1835, mort à l'âge de trois ans.

B. RODOLPHE-MARIE, né le 19 août 1837, a servi pendant la guerre de 1870-71 comme sous-lieutenant aux Mobiles de la Sarthe ; décoré de la Légion d'honneur pour sa brillante conduite au combat de Coulmiers où il fut blessé à la main, décédé à Paris, le 8 mai 1875, sans être marié.

Son père était mort le 11 janvier 1875 au Mans et sa

mère avait été enlevée par l'épidémie qui régnait dans la même ville le 25 décembre 1870.

XIII.

PONS-TIMOLÉON-MAURICE STELLAYE DE BAIGNEUX, marquis DE COURCIVAL, né le 22 août 1806, à la Rochère. Décédé le 7 janvier 1871, à Courcival, où il est inhumé, fut élevé à l'institution des Chevaliers de Saint-Louis à Senlis d'où il passa aux pages du roi Louis XVIII le 1er juillet 1821; nommé le 7 juillet 1824 sous-lieutenant au 19e chasseurs (chasseurs de la Somme), devenu 7e dragons, il fut rayé des contrôles le 13 octobre 1830 et placé dans la position de réforme, comme ayant refusé de prêter serment au nouveau gouvernement.

Il épousa par contrat passé le 22 juillet 1832 à Saint-Denis-sur-Huisne, pardevant Me Bail, notaire à Mortagne, demoiselle MARIE-EUDOXIE DE VANSSAY, née le 6 octobre 1812, fille de M. Alexandre-Auguste de Vanssay et de Marie-Rose de l'Hermitte (voir page 53), décédée le 27 avril 1865 et inhumée à Courcival.

De ce mariage sont issus cinq enfants :

1o GUSTAVE-ALEXANDRE-MAURICE-TIMOLÉON, dont l'article suit :

2o CHARLES-JEAN DE COURCIVAL, né à Courcival, le 19 juin 1844.

3o MARIE-FRANÇOISE-JULIETTE DE COURCIVAL, née le 11 août 1833, à Courcival, mariée par contrat passé le 22 juillet 1854, à Courcival, pardevant Me La Borie, notaire à Bonnétable, avec M. EUGÈNE-EMMANUEL-GUILLAUME comte DU BOURBLANC, fils de Louis-Guillaume comte du Bourblanc, et de Julie-Geneviève-Charlotte de Guerrif.

Ils ont eu trois enfants.

A. MAURICE-GUILLAUME-MARIE DU BOURBLANC, né le 29 mai 1855, élève de Saint-Cyr, en 1874, sous-lieutenant au 2ᵉ spahis le 1ᵉʳ octobre 1876, lieutenant au 7ᵉ chasseurs en 1881.

B. GEORGES-EMMANUEL-MARIE, né au Mans, le 16 décembre 1859, décédé à Courcival, le 5 septembre 1860.

C. AUGUSTE-FRANÇOIS-MARIE, né au Pavillon-en-Plouagat (Côtes-du-Nord), le 10 octobre 1867.

4º ADÈLE-RENÉE DE COURCIVAL, née à Mortagne le 13 novembre 1836, mariée le 17 mai 1858, par contrat passé pardevant Mᵉ La Borie, notaire à Bonnétable, avec M. CLÉMENT-MARIE DE GUERRIF DE LAUNAY, capitaine au 12ᵉ de ligne, fils de M. Emmanuel-Jean de Guerrif de Launay et de défunte Hermance-Eugénie Frumeau.
De ce mariage sont issus quatre enfants :

A. EMMANUEL-MARIE-CLÉMENT, né à Courcival, le 4 novembre 1859, sous-officier au 2ᵉ chasseurs.

B. EUGÈNE-GUILLAUME-MAURICE, né le 1ᵉʳ janvier 1861, à la Herbretais-en-Marsac (Loire-Inférieure).

C. AUGUSTE-JULES, né le 13 septembre 1862, à la Herbretais, brigadier au 2ᵉ dragons.

D. HERMANCE-MARIE-FRANÇOISE, née le 29 juin 1866, à la Herbretais.

5º STÉPHANIE - CHARLOTTE DE COURCIVAL, née le 4 novembre 1840, à Mortagne, reçue le
dans le Chapitre noble des Dames Chanoinesses de Sainte-Anne de Bavière.

XIV.

GUSTAVE-ALEXANDRE-MAURICE-TIMOLÉON STELLAYE DE BAIGNEUX, marquis DE COUR-CIVAL, né le 18 juillet 1834, à Courcival, élève de Saint-Cyr en 1851, sous-lieutenant au 7ᵉ hussards le 1ᵉʳ octobre 1853 ; élève à l'École de Cavalerie de Saumur ; passé en novembre 1854 au 3ᵉ régiment de chasseurs ; lieutenant le 8 août 1858 ; capitaine le 6 janvier 1865 ; servit en 1868-69 aux chasseurs de la garde impériale ; passa ensuite au 3ᵉ hussards avec lequel il fit toute la guerre contre l'Allemagne en 1870-71. Versé après la guerre au 1ᵉʳ hussards il donna sa démission en juin 1871. Il a fait les campagnes d'Algérie en 1861-62, 63, 64 et 65, la campagne de Mentana dans les Etats-Pontificaux, en 1867 ; la guerre contre l'Allemagne aux armées du Rhin (1ᵉʳ corps) et de la Loire (17ᵉ corps). S'est trouvé aux batailles de Wissembourg, de Freschwiller, de Sédan, où il eut un cheval tué sous lui, aux combats autour d'Orléans du 1ᵉʳ au 8 décembre 1870, à la bataille du Mans.

Lors de la formation de l'armée territoriale, sur la proposition du général Deligny, commandant le 4ᵉ corps d'armée, il fut placé à la tête du 27ᵉ régiment territorial d'infanterie ; destitué par le général Farre par décret du 23 août 1880.

Chevalier de la Légion d'honneur du 7 juin 1865 ; a reçu la médaille commémorative de la bataille de Mentana, instituée par S. S. le pape Pie IX.

Marié par contrat passé le 10 avril 1869 à Paris pardevant Mᵉ Lavocat, notaire, la cérémonie religieuse n'ayant pu être célébrée que le 21 avril, à Courcival, par suite du décès de M. le baron de Trétaigne, avec Mademoiselle ELISE-MARIE-JEANNE-BAPTISTINE MICHEL DE TRÉ-TAIGNE, fille de M. Jean-Baptiste-François-Lion, baron Michel de Trétaigne et de dame Angélina-Anaïs Moureau d'Arembole.